◆ 职业教育物流专业"十四五"规划教

"互联网+"活页式教材

仓储作业实务

WAREHOUSING OPERATION PRACTICE

主　编◎周　洁
副主编◎韩　璞　刘禹璐　谈　梦

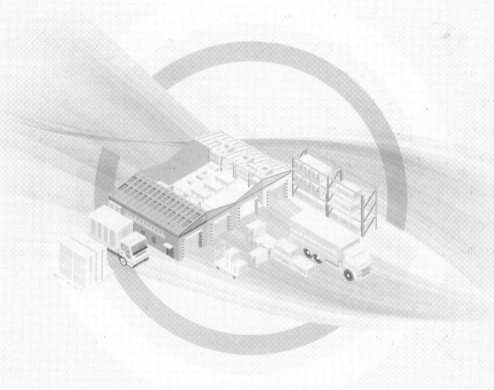

经济管理出版社
ECONOMY & MANAGEMENT PUBLISHING HOUSE

前　言

物流产业是融合运输业、仓储业、货代业和信息业等的复合型服务产业，是国民经济的重要组成部分，涉及领域广，吸纳就业人数多，对促进生产、拉动消费的作用较大，在促进产业结构调整、转变经济发展方式和增强国民经济竞争力等方面发挥着重要作用。随着信息技术和管理水平的提高，现代物流企业的竞争已从低端的价格竞争转向高端物流和信息流的能力竞争，因此，目前市场急需大批的现代物流人才。

本书以仓储企业主要工作流程为线索，采用项目导向式编写方式，以项目为导向、以任务为主线，将学生所需掌握的知识和技能贯穿于学生完成项目任务的过程中。另外，本书还融入了职业素养教育内容，特别是仓储方面的职业素养。在项目下设若干个任务，在每个任务中都设置了"任务目标""任务发布""任务引导""任务工单""任务实施""任务评价""任务反思""知识学习"等环节。教学评价采用多元化评价方式，即过程评价与总结评价相结合，学生自评、小组互评与教师评价相结合。

本书由广西物资学校周洁担任主编，韩璞、刘禹璐、谈梦担任副主编，陈刚、梁水连、杨宇平、简永富、黄立皓、劳德勇、陈晨、周美锋、闫妍、张群艳、曾伟霞等参与本书编写。

本书在编写过程中参阅了国内外许多同行的学术研究成果，参考和引用了所列参考文献中的某些内容，谨向这些文献的编著者致以诚挚的感谢。

由于笔者水平有限、时间仓促，难免有不妥和不完善之处，希望广大读者批评指正。

Project **One**

项目一 **走进仓储**

任务一　认识仓储企业

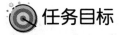

任务目标

通过本任务的学习，可以达成以下目标：

知识目标	1. 了解仓储企业的含义及功能 2. 了解仓储企业的业务范围 3. 掌握仓储企业的主要类型
技能目标	1. 能分析仓储企业的主要功能 2. 能够说出仓储企业的主要作业活动 3. 能识别各类仓储企业的类型及主要特点
思政目标	具备认真细致的工作态度及较强的规划能力

任务发布

华源集团物流有限公司（以下简称华源集团）是一家集货物的储存、保养、配送等于一体的综合型物流公司，其具有先进的物流设施设备和物流信息化系统，可实现全过程的物流监控跟踪管理。在给客户提供优质、高效服务的同时，追求综合的物流成本效益，创造物流附加值，与客户实现共赢。

张丽是一名应届毕业生，经过层层面试，最终成为华源集团的一员。从张丽入职的第一天开始，仓储主管冯丹亲自带她进行了为期 1 个月的岗前培训。

第一周，主管冯丹带着张丽走进华源集团，让其从整体上感知和熟悉公司。首先，她需要认识什么是仓储企业。

任务引导

引导问题 1　你认为仓储是做什么的？对于现代物流来说，仓储有哪些作用？

引导问题 2　你觉得仓储存在于哪些企业？仓储企业有哪些类型？

 任务工单

仓储企业任务工单如表 1-1-1 所示。

表 1-1-1　仓储企业任务工单

任务名称：	
组长：	组员：
任务分工：	
方法、工具：	
任务步骤：	

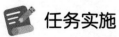 **任务实施**

步骤一　梳理仓储企业的业务活动

经过仓储主管的培训，张丽需要结合自己所学的知识，总结仓储企业的业务活动。

1. 入库作业

仓储部门按照存货方的要求合理组织人力、物力等资源，按照入库作业程序，认真履行入库作业各环节的职责，及时完成入库任务的工作过程。请绘制简单的入库作业流程图。

2. 盘点作业

盘点作业是仓储部门定期对在库的物品进行账目和数量上的清点。请绘制简单的盘点作业流程图。

3. 出库作业

出库作业是仓库根据业务部门或存货单位开出的物品出库凭证（提货单、调拨单），按其所列物品名称、规格、型号、数量等项目，组织物品出库的一系列工作的总称。请绘制简单的出库作业流程图。

4. 配送作业

配送作业是指配送部门按客户的要求及时将仓库发货区的货物派送到客户手中的活动。请绘制简单的配送作业流程图。

步骤二　梳理仓储企业的类型

经过仓储主管的介绍和引导，张丽需要根据自己的所见、所学总结出仓储企业的分类。

1. 按经营形态划分

类型	含义	特点
自营性仓储企业		
营业性仓储企业		
公用性仓储企业		

2. 按仓储的功能划分

类型	特点
储存仓储企业	
物流中心仓储企业	
配送仓储企业	
运输转换仓储企业	
保税仓储企业	
守备仓储企业	

3. 按仓储的处理方式划分

类型	特点
保管式仓储（纯仓储）企业	
加工式仓储企业	
消费式仓储企业	

步骤三　认识仓储企业的功能

小提示：
仓储的功能

经过仓储主管的介绍和引导，张丽需要根据自己的所见、所学梳理出仓储企业的功能。

1. 仓储企业的基本功能

2. 仓储企业的增值服务功能

 任务评价

学生自评表

班级		姓名		学号	
任务名称		认识仓储企业			
评价项目（占比）		评价标准		分值	得分
考勤（10%）		无故旷课、迟到、早退（出现一次扣 10 分）		10	
		请假（出现一次扣 2 分）			
学习能力（10%）	合作学习能力	小组合作参与程度（优 6 分，良 4 分，一般 2 分，未参与 0 分）		6	
	个人学习能力	个人自主探究参与程度（优 4 分，良 2 分，未参与 0 分）		4	
工作过程（60%）	梳理仓储企业的业务活动	能准确梳理仓储企业入库作业的业务活动（每错一处扣 2 分）		6	
		能准确梳理仓储企业盘点作业的业务活动（每错一处扣 2 分）		6	
		能准确梳理仓储企业出库作业的业务活动（每错一处扣 2 分）		6	
		能准确梳理仓储企业配送作业的业务活动（每错一处扣 2 分）		6	
	梳理仓储企业的类型	能准确梳理按经营形态划分的仓储企业类型含义及特点（每错一处扣 4 分）		12	
		能准确梳理按仓储的功能划分的仓储企业各类型的特点（每错一处扣 1 分）		6	
		能准确梳理按仓储的处理方式划分的仓储企业各类型的特点（每错一处扣 2 分）		6	
	认识仓储企业的功能	能准确总结出仓储企业的基本功能（每错一处扣 2 分）		6	
		能准确总结出仓储企业的增值服务功能（每错一处扣 2 分）		6	
工作成果（20%）	成果完成情况	能按规范及要求完成任务环节（未完成一处扣 2 分）		10	
	成果展示情况	能准确展示仓储企业业务活动流程图及类型梳理表（失误一次扣 5 分）		10	
得分				100	

教师评价表

任务名称	认识仓储企业					
授课信息						
班级		组别		姓名	学号	

评价项目（占比）	评价标准			分值	得分
考勤（10%）	无故旷课、迟到、早退（出现一次扣10分）			10	
	请假（出现一次扣2分）				
学习能力（10%）	合作学习能力	小组合作参与程度（优6分，良4分，一般2分，未参与0分）		6	
	个人学习能力	个人自主探究参与程度（优4分，良2分，未参与0分）		4	
工作过程（60%）	梳理仓储企业的业务活动	能准确梳理仓储企业入库作业的业务活动（每错一处扣1分）		6	
		能准确梳理仓储企业盘点作业的业务活动（每错一处扣1分）		6	
		能准确梳理仓储企业出库作业的业务活动（每错一处扣1分）		6	
		能准确梳理仓储企业配送作业的业务活动（每错一处扣1分）		6	
	梳理仓储企业的类型	能准确梳理经营形态划分的仓储企业类型含义及特点（每错一处扣4分）		12	
		能准确梳理按仓储的功能划分的仓储企业各类型的特点（每错一处扣1分）		6	
		能准确梳理按仓储的处理方式划分的仓储企业各类型的特点（每错一处扣2分）		6	
	认识仓储企业的功能	能准确总结出仓储企业的基本功能（每错一处扣2分）		6	
		能准确总结出仓储企业的增值服务功能（每错一处扣2分）		6	
工作成果（20%）	成果完成情况	能按规范及要求完成任务环节（未完成一处扣2分）		10	
	成果展示情况	能准确展示仓储企业业务活动流程图及类型梳理表（失误一次扣5分）		10	
得分				100	

任务反思

在完成任务的过程中遇到了哪些问题，是如何解决的？

知识学习

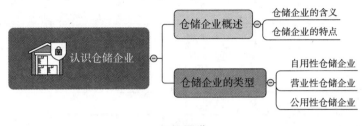

知识图谱

一、仓储企业概述

1. 仓储企业的含义

（1）仓储企业。仓储企业又称仓储物流企业，就是利用自建或租赁库房、场地，储存、保管、装卸搬运、配送货物的企业。传统的仓储定义是从物资储备的角度给出的。

中华人民共和国国家标准《物流企业分类与评估指标》（GB/T 19680—2013）指明：仓储型物流企业应同时符合以下要求：①以从事仓储业务为主，具备一定规模；②可为客户提供分拨、配送、流通加工等服务，以及其他增值服务；③自有一定规模的仓储设施、设备，自有或租用必要的货物运输工具；④具备信息服务功能，应用信息系统可对仓储货物进行状态查询、监控。

思考讨论 现代"仓储"与传统意义上的"仓库"有哪些区别和联系？

（2）仓储。现代"仓储"不是传统意义上的"仓库""仓库管理"，而是在经济全球化与供应链一体化背景下的仓储，是现代物流系统中的仓储，表示一项活动或一个过程，在英文中对应的词是"warehousing"，是以满足供应链上下游的需求为目的，在特定的有形或无形的场所、运用现代技术对物品的进出、库存、分拣、包装、配送及其信息进行有效的计划、执行和控制的物流活动。从这个概念可以看出，仓储有以下基本内涵：

其一，仓储是一项物流活动，或者说物流活动是仓储的本质属性。仓储不是生产，不是交易，而是为生产与交易服务的物流活动中的一项。这表明仓储只是物流活动之一，物流还有其他活动，仓储应该融于整个物流系统之中，应该与其他物流活动相联系、相配合。这一点与过去的"仓库管理"是有很大区别的。

其二，仓储活动或者说仓储的基本功能包括物品的出入库、在库管理、分拣、包装、配送及其信息处理六个方面，其中，物品的出入库与在库管理可以说是仓储最基本的活动，也是传统仓储的基本功能，只不过现代仓储的管理手段与管理水平得到了提升；物品的分拣与包装，过去也有，只不过现在更普遍、更深入、更精细，甚至已经与物品的出入库及在库管理相结合，共同构成现代仓储的基本功能；之所以将"配送"作为仓储活动或者说仓储的基本功能之一，是因为配送不是一般意义上的运输，而是仓储的自然延伸，是仓库发展成为配送中心的内在要求，如果没有配送，仓储就仍然是孤立的仓库；信息处理已经是现代经济活动的普遍现象，当然也应是仓储活动的内容之一，离开了信息处理，也就不能称其为现代仓储了。

其三，仓储的目的是满足供应链上下游的需求。这与过去仅仅满足"客户"的需求在深度与广度方面都有很大区别。谁委托、谁提出需求，谁就是客户；客户可能是上游的生产者，可能是下游的零售业者，也可能是仓储企业，但仓储不能仅仅满足直接"客户"的需求，也应满足"间接"客户即客户的客户的需求；仓储应该融入供应链上下游之中，根据供应链的整体需求确立仓储的角色定位与服务功能。

2. 仓储企业的特点

（1）扩大市场。仓储企业依据发展战略来布局服务网点。仓库所有者在不同地点获得相同的仓储管理和服务。许多企业最大限度地减少仓库的数量，而将每个地区的物流分包给合同仓储公司。通过这种自有仓储和合同仓储的组合网络，企业利用合同仓储来降低直接人工成本，扩大市场的地理范围，同时保持对集中仓储设施的直接控制。

（2）降低运输成本。仓储企业同时要处理不同货主的大量货物，可通过大规模运输大幅降低运输成本。

（3）专业的系统对接管理。仓库采用专业的仓库管理系统，可以对接客户平台，客户可以实时地关注商品库存的变化，快速有效地补货。

（4）降低管理难度，提高管理效率。物流外包不仅可以使制造企业享受专业管理带来的高效率，还可以将内部管理活动转化为外部合同关系，将内部管理责任转化为外部法律责任，有利于简化管理。

二、仓储企业的类型

一般来说，按照仓储经营形态可将仓储企业划分为自营性仓储企业、营业性仓储企业、公用性仓储企业。

1. 自营性仓储企业

自营性仓储企业主要是指各生产或流通企业，为了本企业物流业务的需要而修建仓库，进行物品存储。此类仓储企业只储存本企业的原材料、燃料、零部件、产品和商品等。此类企业库存商品多属于企业自有。

自营性仓储企业的管理方法：为了降低物流成本，在满足正常生产或销售的情况下，应尽量减少库存物品数量。库存极限目标为"零"。

2. 营业性仓储企业

营业性仓储企业是指按照仓储业管理条例取得营业许可，保管他人物品的仓储企业。此类企业库存商品属于客户。

为了提高企业经济效益，应尽可能增加此类企业库存物品数量，提高库存周转率。

3. 公用性仓储企业

公用性仓储企业是指为公共服务配套，为社会物流提供服务的仓储企业。此类企业库存商品属于使用公共设施的用户。

为了提高公用仓库使用效率，应尽可能地提高公用性仓储企业的库存周转率。

知识拓展　　　扫描二维码查看"仓储管理八部曲"。

仓储管理八部曲

任务二　认识仓储岗位

任务目标

通过本任务的学习，可以达成以下目标：

知识目标	1. 了解仓库基层工作人员的分类 2. 了解仓库基层工作人员的工作职责
技能目标	1. 能够绘制仓储岗位结构图 2. 能够明确仓储岗位设置及职责
思政目标	1. 有较强的沟通能力和团队合作精神 2. 具有良好的专业行为规范

任务发布

为了更好地做好当前的工作，形成更加团结并具有凝聚力的企业文化，华源集团负责人康顺明决定对新入职的员工实行为期一个月的轮岗制度，让大家熟悉仓库的岗位划分以及工作职责，以便未来能更好地做好自己的本职工作，并与其他岗位进行有效协同。

张丽作为新员工，是第一批进行轮岗的代表，她需要在企业负责人的指导下了解整个物流中心的组织结构，熟悉目前所在岗位的岗位职责，进一步了解仓储作业环节的其他岗位的岗位职责。

任务引导

引导问题 1　下面的工作岗位你知道是什么吗？具体都要做什么工作？

引导问题 2 你觉得在仓储作业环节中都涉及哪些岗位？

 任务工单

仓储岗位任务工单如表 1-2-1 所示。

表 1-2-1 仓储岗位任务工单

任务名称：	
组长：	组员：
任务分工：	
方法、工具：	
任务步骤：	

小知识：
仓储企业组织
结构的常见类型

任务实施

步骤一　绘制仓储岗位结构图

首先，通过企业负责人的介绍和自己参观的结果，张丽对华源集团的岗位划分有了充分的了解，绘制了华源集团物流中心的岗位结构图。

步骤二 明确仓储岗位设置及职责

根据仓储配送业务流程划分各岗位，具体包括仓库主管、信息员、仓管员、装卸搬运员、叉车司机、分拣员。

小知识：
仓储管理人员的资质

张丽需要根据自己的理解梳理出各个岗位的岗位职责及职业素养，并填写下表。

岗位名称	岗位职责	职业素养
1. 仓库主管		
2. 信息员		
3. 仓管员		
4. 装卸搬运员		
5. 叉车司机		
6. 分拣员		

步骤三 梳理各仓储岗位的核心工作内容

梳理各仓储岗位的核心工作内容并填写表格。

1. 仓库主管岗位说明

主要职责	主要工作内容

2. 信息员岗位说明

小知识：
仓库工作人员的
一天

主要职责	主要工作内容

3. 仓管员岗位说明

主要职责	主要工作内容

4. 装卸搬运员岗位说明

主要职责	主要工作内容

5. 叉车司机岗位说明

主要职责	主要工作内容

6. 分拣员岗位说明

主要职责	主要工作内容

任务评价

学生自评表

班级		姓名		学号	
任务名称			认识仓储岗位		

评价项目 （占比）	评价标准			分值	得分
考勤 （10%）	无故旷课、迟到、早退（出现一次扣10分）			10	
	请假（出现一次扣2分）				
学习能力 （10%）	合作学习能力	小组合作参与程度（优6分，良4分，一般2分，未参与0分）		6	
	个人学习能力	个人自主探究参与程度（优4分，良2分，未参与0分）		4	
工作过程 （60%）	绘制仓储岗位 结构图	能准确绘制仓储岗位结构图（每错一处扣2分）		12	
	明确仓储岗位 设置及职责	能梳理仓储作业的6个核心岗位（每错一处扣0.5分）		3	
		能梳理仓储核心岗位的主要岗位职责（每错一处扣1分）		6	
		能梳理仓储核心岗位必备的职业素养（每错一处扣1分）		6	
	梳理各仓储 岗位的核心 工作内容	能梳理仓库主管的主要职责及主要工作内容（每错一处扣2分）		8	
		能梳理信息员的主要职责及主要工作内容（每错一处扣1分）		5	
		能梳理仓管员的主要职责及主要工作内容（每错一处扣1分）		5	
		能梳理装卸搬运员的主要职责及主要工作内容（每错一处扣1分）		5	
		能梳理叉车司机的主要职责及主要工作内容（每错一处扣1分）		5	
		能梳理分拣员的主要职责及主要工作内容（每错一处扣1分）		5	
工作成果 （20%）	成果完成情况	能按规范及要求完成任务环节（未完成一处扣2分）		10	
	成果展示情况	能准确展示仓储岗位结构图，以及各仓储岗位的主要职责及主要工 作内容（失误一次扣5分）		10	
得分				100	

教师评价表

任务名称	认识仓储岗位				
授课信息					
班级	组别		姓名	学号	
评价项目（占比）	评价标准			分值	得分
考勤（10%）	无故旷课、迟到、早退（出现一次扣10分）			10	
	请假（出现一次扣2分）				
学习能力（10%）	合作学习能力	小组合作参与程度（优6分，良4分，一般2分，未参与0分）		6	
	个人学习能力	个人自主探究参与程度（优4分，良2分，未参与0分）		4	
工作过程（60%）	绘制仓储岗位结构图	能准确绘制仓储岗位结构图（每错一处扣2分）		12	
	明确仓储岗位设置及职责	能梳理仓储作业的6个核心岗位（每错一处扣0.5分）		3	
		能梳理仓储核心岗位的主要岗位职责（每错一处扣1分）		6	
		能梳理仓储核心岗位的必备职业素养（每错一处扣1分）		6	
	梳理各仓储岗位的核心工作内容	能梳理仓库主管的主要职责及主要工作内容（每错一处扣2分）		8	
		能梳理信息员的主要职责及主要工作内容（每错一处扣1分）		5	
		能梳理仓管员的主要职责及主要工作内容（每错一处扣1分）		5	
		能梳理装卸搬运员的主要职责及主要工作内容（每错一处扣1分）		5	
		能梳理叉车司机的主要职责及主要工作内容（每错一处扣1分）		5	
		能梳理分拣员的主要职责及主要工作内容（每错一处扣1分）		5	
工作成果（20%）	成果完成情况	能按规范及要求完成任务环节（未完成一处扣2分）		10	
	成果展示情况	能准确展示仓储岗位结构图，以及各仓储岗位的主要职责及主要工作内容（失误一次扣5分）		10	
得分				100	

任务反思

在完成任务的过程中遇到了哪些问题，是如何解决的？

知识学习

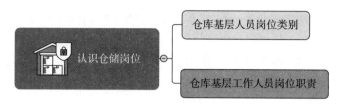

知识图谱

现代物流在生活中无处不在，对于仓储企业你了解多少？你知道一个仓储企业具体的组织结构吗？你知道仓储企业有哪些岗位吗？

思考讨论

一、仓库基层人员岗位类别

在仓库或仓储部门，基层工作人员岗位类别如图 1-2-1 所示。

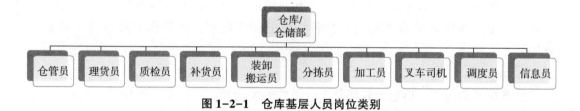

图 1-2-1　仓库基层人员岗位类别

二、仓库基层工作人员岗位职责

1. 仓管员

负责商品的盘点、在库管理，将商品出入库工作做到账账相符、账实相符；随时掌握库存状态，保证物资设备及时供应，充分提高周转效率；定期对库房进行清理，保持库房的整洁美观，将物资设备分类排序，存放整齐，数量准确；熟悉相应物资设备的品种、规格、型号及性能，填写分明；做好库房的安全管理工作，检查库房防火、防盗设施，及时堵塞漏洞。

2. 理货员

确保按票据、按商标厘清货物，交接清楚以及货签、理货单、事故报表、质量报告正确及时；认真复核货垛，做到货物数量、垛数相符；清点货物数量是否准确，检查分商标是否清楚，检查堆码是否符合要求，清理货垛标识及作业后的现场；发现违章作业立即制止。

请扫描右侧二维码，阅读《从理货员一天的工作流程看员工管理》的案例并回答以下问题：

（1）从超市理货员小韩一天的工作，总结归纳补货工作流程的基本内容有哪些？

（2）什么是5S管理？理货员的工作哪里体现了5S管理？

3. 质检员

熟悉检验的各项制度和规定，准确、熟练掌握商品的各项质量指标及检验方法；协助领导宣传质量的重要性，帮助作业人员提高对质量重要性认识；保证进出库商品的质量，充分发挥质量监督员作用；对检验结果的真实性和准确性负责。

4. 补货员

根据补货信息或自己的判断进行补货，确保拣货区有充足的货物，以免造成缺货，影响库内作业；检查储位信息与补货上架的货品是否一致；补货要依据商品先进先出原则。

5. 装卸搬运员

负责对需要人工搬运的货物进行搬运作业，在搬运过程中要注意人员及货物的安全。

6. 分拣员

驾驶手动液压托盘搬运车及手动液压托盘堆垛车，根据拣货单或手持终端的指示，完成拣货工作并按要求将货物放置到备货区的相应位置；拣货作业质量控制及安全管理。

7. 加工员

负责在开箱拆零、拆包分装环节进行必要的流通加工。例如，贴标签、重新包装、切割等。注意货品的安全及流通加工环节的质量。

8. 叉车司机

负责驾驶叉车，进行货物的装车、卸车；负责设备的维护、现场货位标识的管理及维护；负责分工范围内的货品、叉车及其他设施的安全。

9. 调度员

负责制订订单计划，根据计划进行调度工作，汇总好订单并上报销售部门，负责物资运输、车辆、搬运员搬运等调度工作，以及物资装卸过程中的监督管理工作。

10. 信息员

负责信息技术维护工作，包括订单信息化处理、MRP 计划制订、ERP 系统操作和使用、条码技术应用、RFID 技术应用等。

需要注意的是：很多企业的基层岗位设置并没有进行细分，如很多仓库将基层操作人员统称为仓管员，仓管员需要负责完成仓库中货物的入库、出库、流通加工、移库、补货、盘点等仓储作业。只有在发生实际作业时，才会有对应的称呼。例如，收发货员、理货员、盘点员、流通加工员、补货员等。

各个企业基层岗位设置的名称并不是完全统一的，但具体的岗位职责是相同的。

任务三 认识仓储设施设备

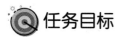 任务目标

通过本任务的学习，可以达成以下目标：

知识目标	1. 了解仓库的设施 2. 了解仓库的设备 3. 理解仓库设施和设备的分类 4. 掌握仓库设备的应用
技能目标	1. 能辨析仓库设施设备的功能分类 2. 能根据货物特性选择合适的设备 3. 能进行设备的操作
思政目标	具备认真细致的工作态度及较强的规划能力

任务发布

华源集团物流有限公司拟在 A 园区建设仓库，该仓库计划为所在区域的超市提供仓储配送服务。根据市场需求对物流仓库进行调研，确定该仓储配送中心建设仓库的类型和需要配套的设备。

任务引导

引导问题 1 你知道仓库可以存放哪些货物吗？尝试举例说明。

引导问题 2 是不是所有的货物可以用同一种类型的仓库存放？为什么？

任务工单

仓储设施设备任务工单如表1-3-1所示。

表1-3-1 仓储设施设备任务工单

任务名称：	
组长：	组员：
任务分工：	
方法、工具：	
任务步骤：	

 任务实施

步骤一 仓库类型调研

仓库是保管、储存物品的建筑物和场所的总称，是仓储管理活动的基本设施和仓储作业的主要场所。

通过实地调研并结合网络调查资料，仓库有不同的分类标准，按不同分类标准填写下表。

表1-3-2 仓库的类型

仓库类型	具体类型
按使用范围分类	

仓库类型	具体类型
按保管物品的种类分类	
按保管条件分类	

步骤二 确定仓库作业需要的设备类型

仓储设备是指能够满足储藏和保管物品需要的技术装置和机具,其并非仅指房屋、有锁之门等外在表征的设备。

1. 装卸搬运设备

装卸搬运设备用于商品的出入库、库内堆码以及翻垛作业。这类设备对改进仓储管理、减轻劳动强度、提高收发货效率具有重要作用。结合所学知识,在下表中列出仓库中常见的装卸搬运设备,并配备图例。

表 1-3-3 确定仓库作业所需设备类型

设备类型	所需要的设备	举例	图例
装卸搬运设备	装卸堆垛设备		
	搬运传送设备		

2. 保管设备

保管设备是用于保护仓储商品质量的设备。请结合所学知识，梳理出常见的仓储保管设备，并配置图例，完成下表的填制。

表 1-3-4 仓储保管设备

设备类型	所需要的设备	举例	图例
保管设备	苫垫设备		
	存货用具		

步骤三 根据实际情况选择合适的设备进行物流作业

1. 分析超市仓库类型，预计需要存储货物的类型

操作步骤 1：通过查询资料，梳理出连锁超市的货物特性。

操作步骤2：结合连锁超市的货物特性，初步确定华源集团在 A 园区存储的货物类别。

2. 货物搬运需要用到哪些设备，货物入库后需要使用哪些设备进行存储

 任务评价

学生自评表

班级		姓名		学号	
任务名称			认识仓储设施设备		
评价项目 （占比）		评价标准		分值	得分
考勤 （10%）	无故旷课、迟到、早退（出现一次扣10分）			10	
	请假（出现一次扣2分）				
学习能力 （10%）	合作学习能力	小组合作参与程度（优6分，良4分，一般2分，未参与0分）		6	
	个人学习能力	个人自主探究参与程度（优4分，良2分，未参与0分）		4	
工作过程 （60%）	仓库类型 调研	能调查出1种以上仓库类型（每错一处扣1分）		5	
		能描述仓库的具体类型（每错一处扣1分）		5	
	确定仓库作业 所需设备类型	能准确梳理仓库作业所需的装卸搬运设备及图例（每错一处扣2分）		12	
		能准确梳理仓库作业所需的保管设备及图例（每错一处扣2分）		14	
	根据实际情况 选择合适的 设备进行 物流作业	能准确说出连锁超市的货物特性（每错一处扣2分）		12	
		能初步确定华源集团在 A 园区所存储的货物类别（每错一处扣1分）		4	
		能分析货物搬运需要用到的设备类型（每错一处扣1分）		4	
		能分析货物入库后需要用到的设备类型（每错一处扣1分）		4	
工作成果 （20%）	成果完成情况	能按规范及要求完成任务环节（未完成一处扣2分）		10	
	成果展示情况	能准确展示仓库类型调研结果，以及仓库作业设备梳理结果（失误 一次扣5分）		10	
得分				100	

教师评价表

任务名称		认识仓储设施设备				
授课信息						
班级		组别		姓名		学号	

评价项目 （占比）		评价标准	分值	得分
考勤 （10%）	无故旷课、迟到、早退（出现一次扣10分）		10	
	请假（出现一次扣2分）			
学习能力 （10%）	合作学习能力	小组合作参与程度（优6分，良4分，一般2分，未参与0分）	6	
	个人学习能力	个人自主探究参与程度（优4分，良2分，未参与0分）	4	
工作过程 （60%）	仓库类型 调研	能调查出1种以上仓库类型（每错一处扣1分）	5	
		能描述仓库的具体类型（每错一处扣1分）	5	
	确定仓库作业 所需设备类型	能准确梳理仓库作业所需的装卸搬运设备及图例（每错一处扣2分）	12	
		能准确梳理仓库作业所需的保管设备及图例（每错一处扣2分）	14	
	根据实际情况 选择合适的 设备进行 物流作业	能准确说出连锁超市的货物特性（每错一处扣2分）	12	
		能初步确定华源集团在A园区所存储的货物类别（每错一处扣1分）	4	
		能分析货物搬运需要用到的设备类型（每错一处扣1分）	4	
		能分析货物入库后需要用到的设备类型（每错一处扣1分）	4	
工作成果 （20%）	成果完成情况	能按规范及要求完成任务环节（未完成一处扣2分）	10	
	成果展示情况	能准确展示仓库类型调研结果，以及仓库作业设备梳理结果（失误一次扣5分）	10	
得分			100	

任务反思

在完成任务的过程中，遇到了哪些问题，是如何解决的？

知识学习

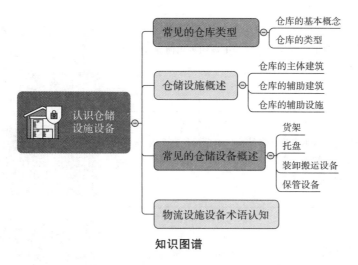

知识图谱

一、常见的仓库类型

1. 仓库的基本概念

（1）前置仓（preposition warehouse）：在最终消费者比较集中的最近区域设置的配送仓库。

（2）仓库（warehouse）：用于储存、保管物品的建筑物和场所的总称。

（3）库房（storehouse）：在仓库中，用于储存、保管物品的封闭式建筑物。

（4）自营仓库（self-operated warehouse）：由企业或各类组织自主经营和自行管理，为自身的物品提供储存和保管的仓库。

（5）公共仓库（public warehouse）：面向社会提供物品储存服务，并收取费用的仓库。

（6）立体仓库（stereoscopic warehouse）：采用高层货架，可借助机械化或自动化等手段立体储存物品的仓库。

2. 仓库的类型

（1）按结构和构造划分（见表 1-3-5）。

表 1-3-5　仓库的类型及特点（按结构和构造划分）

仓库类型	特点	图示
平方仓库	结构简单，建筑费用低，仓储作业方便	

仓库类型	特点	图示
多层仓库	指二层以上的仓库。可减少土地的占用面积，但物品上下移动作业复杂	
高层货架仓库	仓库建筑物本身是平房结构，但棚顶很高，内部设施层数多，主要使用计算机控制，仓储作业由机械设备完成	
罐式仓库	呈球形或柱形，主要用来储存石油、天然气等液体货物	

（2）按保管方式划分（见表1-3-6）。

表1-3-6　仓库的类型及特点（按保管方式划分）

仓库类型	特点	图示
普通仓库	用于存放无特殊保管要求物品的仓库	
冷藏仓库	用于存放保温、冷藏或恒温、恒湿的物品。具备制冷设备，并有良好的保温隔热性能以保持所需的温度	
危险品仓库	用于保管危险物品，并能对危险物品起一定的防护作用	

二、仓储设施概述

仓储设施主要是指用于仓储的库场建筑物，由仓库的主体建筑、辅助建筑和附属设施组成。

1. 仓库的主体建筑

➤ 库房（封闭式、费用高）

➤ 货棚（半封闭式）

➤ 露天货场（费用低）

2. 仓库的辅助建筑

仓库的辅助建筑包括办公室、车库、修理间、装卸工人休息间、工具储存间等建筑物；生活区；安全间隔。

3. 仓库的辅助设施

仓库的辅助设备包括通风设备、照明设施、取暖设施、提升设施（电梯等）、计量设备、避雷设施等。

三、常见的仓储设备概述

仓储设备主要包括货架、托盘、装卸搬运设备、保管设备等。这些设备可以组成自动化、半自动化、机械化的商业仓库，来堆放、存取和分拣承运物品。

1. 货架

（1）层架的特点。

◎ 中、重型层架一般采用固定式层架，坚固、结实，承载能力强，便于储存大件或中、重型货物，能够配合叉车等的使用，而且能充分利用仓容面积，提高仓储能力。

◎ 轻型层架一般采用装配式，较为灵活机动，结构简单，承载能力较差，适于人工存取轻型或小件货物，且存放货物数量有限，是人工作业仓库的主要储存设备。

◎ 层格式货架每格原则上只能放一种货品，不易混淆，层间光线暗，存放数量少，主要用于规格复杂、多样，必须互相间隔开的货品。

◎ 抽屉式货架主要用于存放中小型模具，通常每层承载量小于500kg，重型抽屉式货架可用于存放特重型模具和货物，还可以存放比较贵重或怕尘土、怕湿的小件货品。

◎ 流利货架在存放散货时可很方便地为操作人员提供生产物品，提升工作效率，提升生产流水线的工作速度。

（2）货架的结构和规格。

◎ 货架结构如图1-3-1所示。

◎ 常见的货位规格，高架存储货位规格为1200mm×1000mm×1000mm，单货位承重500kg。

（3）货架组装的注意事项。

◎ 竖立柱片可根据立柱片高度、重量采用人工（滑轮等）、机械（车吊等）等

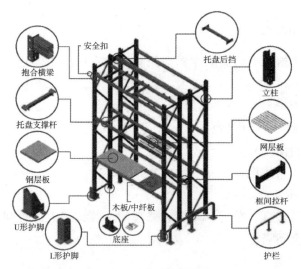

图 1-3-1 货架结构示例

方式，同时配备一定数量的横梁，构成稳定结构。

◎ 竖起后将排数、列数，按图进行方位、尺寸复核，并进行标高、垂直、水平等初步调整，如有其他附件则逐一配套安装，使各项数据达到标准，然后依排逐列安装。

◎ 使用垫板调平时，应符合下列规定：每组垫板宜减少垫板块数，不宜超过 5 块。放置时厚的放在下面，薄的放在中间；每组垫板应放置整齐、平稳，接触良好；调平后，每组垫板均应压紧。

◎ 安装横梁时必须两头均扣入到位，同时插入保险销。

◎ 各类型货架（如阁楼式货架、悬臂式货架、重力式货架等）特色部分按其顺序、要求分别进行安装，把横梁卡到立柱上。

2. 托盘

（1）托盘的定义。中华人民共和国国家标准《物流术语》（GB/T 18354—2021）中对托盘的定义：在运输、搬运和存储过程中，将物品规整为货物单元时，作为承载面并包括承载面上辅助结构件的装置。

（2）托盘的特点。自重量小，减少搬运时的无效劳动；返空容易，返空时占用运力很少；装盘容易；装载量有限；保护性差。

（3）托盘的作用。

◎ 可以实现物品包装的单元化、规范化和标准化，保护物品，方便物流和商流。

◎ 有效地保护商品，减少物品的磨损。

◎ 节省包装材料，降低包装成本，节约运输费用。

◎ 促进港口的现代化、机械化。

◎ 加快装卸、运输的速度，减轻工人的劳动强度。

（4）托盘的类型。

◎ 平托盘。平托盘几乎是托盘的代名词，是最常见、最通用、使用量最大的托盘类型，其没有上层结构。按承托货物台面类型，平托盘可分为单面托盘（见图 1-3-2）、双面托盘（见图 1-3-3）；按叉车叉入方式，平托盘可分为单向叉入型、双向叉入型、四向叉入型。

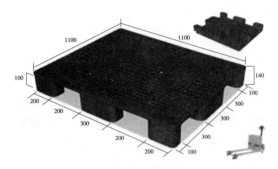

图 1-3-2　单面托盘

图 1-3-3　双面托盘

◎　柱式托盘。在平托盘的四角装有立柱而构成的托盘。柱式托盘分为固定式和可卸式两种，如图 1-3-4 和图 1-3-5 所示。特点：利用立柱支撑重物，可以多层叠放货物，防止托盘上放置的货物在运输和装卸过程中发生塌垛现象。一般高度为 1200mm。

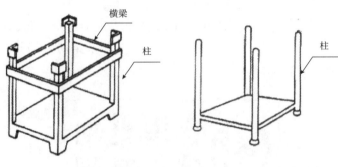

图 1-3-4　固定式托盘　　　　图 1-3-5　可卸式托盘

◎　箱式托盘。箱式托盘是四面有侧板的托盘，有的箱体上有顶板，有的没有顶板。四周栏板有板式、栅式和网式，箱壁构造物可拆卸，也可固定或者折叠。如图 1-3-6 所示。箱式托盘的特点是可将形状不规则的物品进行集装，堆码时不需防散垛处理。

◎　轮式托盘。轮式托盘是在柱式、箱式托盘下安装小型脚轮的托盘，如图 1-3-7 所示。特点：能短距离移动、自行搬运或滚上滚下式地进行装卸，用途广泛，适用性强。

图 1-3-6　箱式托盘　　　图 1-3-7　轮式托盘

3. 装卸搬运设备

装卸搬运设备用于商品的出入库、库内堆码以及翻垛作业。这类设备对改进仓储管理、减轻劳动强度、提高收发货效率具有重要作用。

4. 保管设备

保管设备是用于保护仓储商品质量的设备。主要可归纳为以下几种：

（1）苫垫用品。苫垫用品起遮挡雨水和隔潮、通风等作用。包括苫布（油布、塑料布等）、苫席、枕木、石条等。苫布、苫席用在露天堆场。

（2）存货用具。存货用具包括各种类型的货架、货橱。

（3）计量设备。计量设备用于商品进出时的计量、点数，以及货存期间的盘点、检查等。如地磅、轨道秤、电子秤、电子计数器、流量仪、皮带秤、天平仪，以及较为原始的磅秤、卷尺等。随着仓储管理现代化水平的提高，现代化的自动计量设备将会更多地得到应用。

（4）养护检验设备。养护检验设备指商品进入仓库验收和在库内保管测试、化验以及防止商品变质、失效的机具、仪器。如温度仪、测潮仪、吸潮器、烘干箱、风幕（设在库门处，以隔内外温差）、空气调节器、商品质量化验仪器等。这类设备在规模较大的仓库中使用较多。

（5）消防安全设备。消防安全设备是仓库必不可少的设备，它包括报警器、消防车、手动抽水器、水枪、消防水源、砂土箱、消防喷淋、消防云梯等。图1-3-8为常见的消防安全标识。

图1-3-8　常见的消防安全标识

四、物流设施设备术语认知

1. 货架

货架（rack）是由立柱、隔板或横梁等结构件组成的储物设施。

2. 分拣设备

分拣设备（sorting and picking equipment）是用于完成物品分类、拣选等相关作业的设备。

3. 叉车

叉车（forklift）是具有各种叉具及属具，能够对物品进行升降和移动以及装卸作业的搬运车辆。

4. 物流机器人

物流机器人（logistics robot）是具有一定程度的自主能力，能代替人执行物流作业预期任务，可重复编程的自动控制操作机。

5. 自动导引车

自动导引车（automatic guided vehicle）是在车体上装备有电磁学或光学等导引装置、计算机装置、安全保护装置，能够沿设定的路径自动行驶，具有物品移载功能的搬运车辆。

6. 起重机械

起重机械（hoisting machinery）是一种以间歇作业方式对物品进行起升、下降和水平移动的搬运机械。

7. 升降台

升降台（lift table）是能垂直升降和水平移动物品或集装单元器具的专用设备。

8. 周转箱

周转箱（turnover box）是用于存放物品，可重复、循环使用的小型集装器具。

9. 托盘

托盘（tray）是在运输、搬运和存储过程中，将物品规整为货物单元时，作为承载面并包括承载面上辅助结构件的装置。

任务四　认识仓库布局

任务目标

通过本任务的学习，可以达成以下目标：

知识目标	1. 了解仓库的作业区域 2. 熟悉仓库内的作业区域 3. 掌握仓库内各个区域的作业和位置规划要点 4. 掌握仓库布局规划的步骤 5. 掌握仓库内不同物流动线的特点
技能目标	1. 能确定仓库内的功能区域类型 2. 能确定仓库内的物流动线 3. 能进行基本的仓库布局
思政目标	具备认真细致的工作态度及较强的规划能力

任务发布

华源集团物流有限公司拟在 A 园区建设仓库，该仓库计划为所在区域的超市提供仓储配送服务。根据该项目前期数据分析结果，结合商品在物流中心仓储操作要求确定该仓库所需的功能区域并对确定的功能区域进行布局。

任务引导

引导问题 1　你知道在仓库内进行的主要业务有哪些？尝试举例说明。

引导问题 2　你认为仓库内的作业区域有哪些？各个区域的作业内容是什么？尝试举例说明。

 任务工单

仓库布局任务工单如表 1-4-1 所示。

表 1-4-1 仓库布局任务工单

任务名称：	
组长：	组员：
任务分工：	
方法、工具：	
任务步骤：	

 任务实施

步骤一　确定仓库作业功能区域

仓储作业区是仓库的主体。仓库的主要业务以及物品的保管、检验、分类、整理和包装等都是在这个区域里进行。规划人员要结合给定的任务信息以及配送中心的物流作业环节，确定仓库作业的功能区域。

1. 根据给出的作业环节，进行作业环节与功能区域的匹配

（1）仓库内的每项作业都有对应的工作区域，已知其作业环节主要有入库作业、存储作业、拣选作业、退货作业、集货作业、出库作业，这些作业环节所对应的功能区是什么？请尝试列出来。

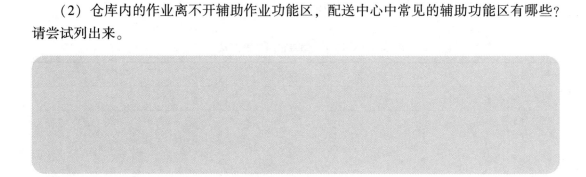

（2）仓库内的作业离不开辅助作业功能区，配送中心中常见的辅助功能区有哪些？请尝试列出来。

（3）结合环节（1）和环节（2）的梳理，完整地填写作业环节与功能区匹配表。

表1-4-2　作业环节与功能区域匹配

作业环节	对应功能区	其他辅助功能区
入库作业		
存储作业		
拣选作业		
退货作业		
集货作业		
出库作业		

2. 结合具体商品的分类，细化仓储功能区域表

（1）回顾任务发布和仓储作业流程梳理结果，已经确定了该仓库的物流作业环节，主要包括入库、存储、拣选和出库等，任务中，同时要求该仓储配送中心基于商品ABC分类进行仓库布局，因此，存储区划分为____、____、____三个区域。

（2）仓库商品以托盘和箱的形式拣选出库，为了节省仓库面积，将存储和拣选区合二为一，采用托盘货架，一层为拣选区，二层以上为存储区。

（3）结合环节（1）和环节（2）的梳理，完整地填写仓库所需的功能区域表。

表1-4-3　功能区域

主要功能区	区域功能描述	次要功能区	区域功能描述

步骤二　设计合理的物流动线

小提示：
物流动线的
类型与特点

确定了仓储作业流程以及作业功能区域后，规划人员可以根据物流动线与各个区域之间的关系来设计相互位置，最终设计出物流动线。

动线是指货物与人员在配送中心内的移动路线，包括区域之间和区域内部两部分。

1. 结合任务发布的内容及学习内容，确定仓库的动线类型

回顾任务发布案例背景，已知园区 A 仓库出入库月台设置在库房两侧；功能区设置存储区、出入库暂存区等 11 个区域；作业流程简单，主要包括入库作业、存储作业、拣选作业和出库作业；其中，拣选区和存储区共用货架。

分析之后，可得该仓库物流动线选择_____型，即货物的流向是从_____到_____，因此，采用_____型布置主要功能区位置。

2. 结合任务发布中给出的布局图，用箭头表示具体的动线及货物流向

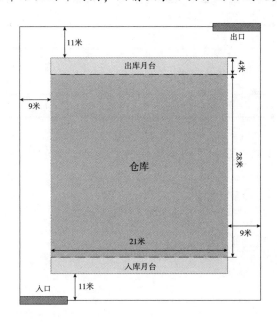

步骤三　布置仓库功能区位置

确定了具体的功能区域、物流动线之后，需要进行具体仓库功能区的布置。仓库内每个业务功能区域各自的说明都是不同的，在扫描二维码了解各区域间相互关系的基础上，完成仓库内各功能区域的布局。

1. 明确仓库内货物流向和各功能区域的主要用途，完成各功能区域之间的布局说明表

表1-4-4　布局说明

区域名称	布局说明
入库办公室	
功能检验区	
入库缓存区	
不合格品区	
存储区	
拣选区	
集货区	
出库办公室	
出库缓存区	
叉车停放区	
充电区	

2. 结合操作步骤1的结果，利用框线绘制出各区域示意图

3. 完成具体功能区的绘制

根据入库月台位置确定入库暂存区位置；根据出库月台位置确定出库暂存区（集货区）位置；在出入库暂存区之间布置存储区；根据入库月台和入库暂存区位置确定入库办公室位置，靠墙布置；根据出库月台和出库暂存区位置确定入库办公室位置，靠墙布置；根据入库月台和入库暂存区位置确定退货区位置，靠墙布置；根据存储区和出库暂存区位置确定设备存放和充电区位置，充电区靠墙布置。

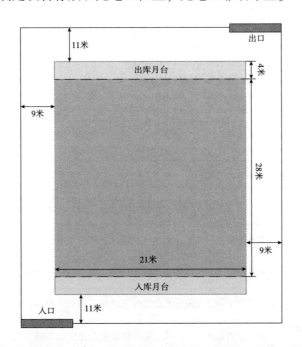

任务评价

学生自评表

班级		姓名		学号	
任务名称		认识仓库布局			
评价项目 （占比）		评价标准		分值	得分
考勤 （10%）	无故旷课、迟到、早退（出现一次扣10分）			10	
	请假（出现一次扣2分）				
学习能力 （70%）	合作学习能力	小组合作参与程度（优6分，良4分，一般2分，未参与0分）		6	
	个人学习能力	个人自主探究参与程度（优4分，良2分，未参与0分）		4	
	仓库作业功能 区域确定	能准确描述仓储作业的主要功能区及次要功能区（每错一处扣2分）		10	
		能准确描述仓储作业功能区的区域功能（每错一处扣1分）		6	
	设计合理的 物流动线	能结合实际情况确定仓储的物流动线（每错一处扣5分）		10	
		能结合确定的物流动线绘制具体的货物流向（每错一处扣5分）		10	
	仓库功能区 位置布置	能确定仓库内各功能区域的布局（每错一处扣4分）		12	
		能在给定的仓库平面图中准确绘制出具体的功能区域（每错一处扣6分）		12	
工作成果 （20%）	成果完成情况	能按规范及要求完成任务环节（未完成一处扣2分）		10	
	成果展示情况	能准确展示仓库作业功能区布局图（失误一次扣5分）		10	
得分				100	

教师评价表

任务名称	认识仓库布局					
授课信息						
班级		组别		姓名		学号	

评价项目（占比）	评价标准		分值	得分
考勤（10%）		无故旷课、迟到、早退（出现一次扣10分）	10	
		请假（出现一次扣2分）		
学习能力（70%）	合作学习能力	小组合作参与程度（优6分，良4分，一般2分，未参与0分）	6	
	个人学习能力	个人自主探究参与程度（优4分，良2分，未参与0分）	4	
	仓库作业功能区域确定	能准确描述仓储作业的主要功能区及次要功能区（每错一处扣2分）	10	
		能准确描述仓储作业功能区的区域功能（每错一处扣1分）	6	
	设计合理的物流动线	能结合实际情况确定仓储的物流动线（每错一处扣5分）	10	
		能结合确定的物流动线绘制具体的货物流向（每错一处扣5分）	10	
	仓库功能区位置布置	能确定仓库内各功能区域的布局（每错一处扣4分）	12	
		能在给定的仓库平面图中准确绘制出具体的功能区域（每错一处扣6分）	12	
工作成果（20%）	成果完成情况	能按规范及要求完成任务环节（未完成一处扣2分）	10	
	成果展示情况	能准确展示仓库作业功能区布局图（失误一次扣5分）	10	
得分			100	

任务反思

在完成任务的过程中，遇到了哪些问题，是如何解决的？

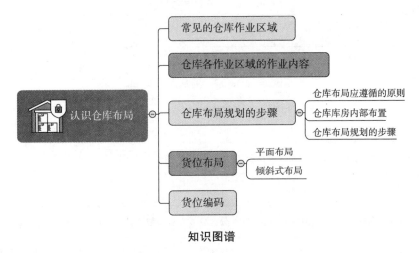

知识学习

知识图谱

一、常见的仓库作业区域

仓储作业区（见图1-4-1）是仓库各组成部分的主体。仓库的主要业务以及物品的保管、检验、分类、整理和包装等都在这个区域里进行。其主要建筑物有库房、货场、站台以及加工、整理包装场所。

图1-4-1　仓储作业区

辅助作业区主要是为保证基本仓储作业及仓储业务的顺利开展而提供各种服务，例如设备维修、加工制造、各种设备机械和工具的存放等。行政区主要由办公室和生活场所组成，包括办公楼、保安室、检验室、职工宿舍和职工食堂等。在仓库总面积中需要有库内运输道路，一些大型仓库还要有铁路专用线。这些道路构成了仓库内外相通的交通网络，其布局是否合理，对仓库仓储作业的方便性和仓库面积利用的有效性都会产生较大影响。

结合上述的主要业务分析可知，仓库内主要的作业区域包括进货月台、进货暂存区、托盘货架区、拆零区、流通加工区、分货区、集货区、出货暂存区、出货月台、返品处理区及办公区。

二、仓库各作业区域的作业内容

1. 进货月台的作业内容及位置规划

进货月台的作业内容主要是实施卸货清点、检验、分类等作业。进货月台（见图1-4-2）一般设于存储区外围，内侧紧靠进货暂存区。

图1-4-2 进货月台

2. 进货暂存区

进货暂存区的作业内容是验收好的货品不能立即进入存储区的可以在该区域暂存，不需要存储直接出货的货品也可以放在进货暂存区。

由于货品在该区域存储时间较短，且货品均处于流动状态，故该区域面积不需要太大。

3. 托盘货架区

托盘货架区（见图1-4-3）是存储区，根据需要可分为拣货区和保管区；作业包括整仓、补货拣货等。货品在该区域停留的时间较长，储存型配送中心该区域所占面积最大，可以占配送中心总面积的50%以上。

图1-4-3 托盘货架区

4. 拆零区

拆零区主要是满足客户多品种、少批次的配送需求。一般使用轻型货架或流动货架。

5. 流通加工区

流通加工区是作业人员对货品进行分装、组合包装、贴标签等流通加工作业的区域。布局时，流通加工工作流程与机器设备摆放位置相对应。

6. 分货区

批量拣出的货物在分货区按照车辆、门店等不同的需求分货。布局分货区时，需要紧靠集货区，且应与集货区顺向布局。

7. 集货区

集货区的主要作业内容是集中分好发往同一门店的不同货品。实施集货区布局时，需要紧靠分货区，邻近出货暂存区。

8. 出货暂存区

配好的货品在出货暂存区短暂停留，等待车辆的调度和安排。出货暂存区的面积不用很大，紧靠出货月台布局（见图1-4-4）。

图1-4-4 出货暂存区

9. 出货月台

出货月台是操作人员完成货品装车前的对点，无误后装车发货。一般来说，出货月台邻近仓库出口，内侧紧靠出货暂存区。

10. 返品处理区

返品处理区主要是对返回的货品进行处理，返品包括差异货品、退货和调换货品等。返品经过处理后，其中的良品会进入存储区，故此区域不宜离储存区太远。

11. 办公区

办公区主要是工作人员处理营运事务、指挥管理作业的场所。

案例分析　　扫描二维码查看具体仓库的功能区域布局图，深度理解仓库的功能区域布局。

仓库的功能
区域布局

三、仓库布局规划的步骤

1. 仓库布局应遵循的原则

（1）系统化原则。根据物流标准化做好包装盒物流容器的标准化，以实现集装单元与运输车辆的载重量、有效空间尺寸的配合，集装单元与装卸设备的配合，集装单元与仓储设施的配合。

（2）平面设计原则。若无特殊要求，仓储系统中的物流则应在同一平面上实现。

（3）物流和信息流的分离原则。如果能够实现物流和信息流的尽早分离，则将所需信息一次识别出来，再通过计算机网络传至各个节点，即可降低系统的成本。

（4）柔性化原则。在设计时要注意机械化和机械化系统的柔性和仓库扩大经营的可能性。

2. 仓库库房内部布置

库房内部布置的主要目的是提高库房内作业的灵活性和有效利用库房内部的空间。按功能的不同，库房可以分为储备型库房和流通型库房两大类。

（1）储备型库房。这是以物品保管为主的库房，商品存放时间长，储存物资的周转较为缓慢，并且以整进整出为主，如战略储备仓库和采购供应仓库等。储备型库房的布置特点是突出强调提高储存面积占库房总面积的比例，设备应尽可能先进。为此必须严格控制各种非储存区域的占地面积，扩大吞吐能力。

（2）流通型库房。流通型库房是以物品收发为主的库房，如批发和零售仓库、中转仓库，以及储运公司以组织物品运输业务为主的库房等。在这类库房中，储存物品的周转一般较快，需频繁开展出入库业务。在进行库房布置时，必须充分考虑提高作业效率的要求。与储备型库房相比，流通型库房的布置有不同的特点，主要区别是缩小了储存区，扩大了拣货和出库准备区。库房布置不是以提高面积利用率为主的，而是要综合考虑各种需要。实际上，库房储存的物品周转越快，储存面积的需求则越小。

（3）通道：库房内的通道。

◎ 运输通道。运输通道供装卸搬运设备在库内行走，其宽度主要取决于装卸搬运设备的外形尺寸和单元装卸的大小。运输通道的宽度一般为 1.5~3 米。

◎ 作业通道。作业通道是供作业人员存取、搬运物品的行走通道。其宽度取决于作业方式和货物的大小。一般情况下，作业通道的宽度为 1 米左右。如果使用手推车进入作业通道作业，则通道宽度应视手推车的宽度而定。

◎ 检查通道。指供仓库管理人员检查库存物品的数量及质量行走的通道。其宽度只要能使检查人员自由通过即可，一般为 0.5 米左右。

（4）货垛的"五距"。保持"五距"（见图 1-4-5）的主要作用是通风、防潮、散热，从而保证货物的安全储存。

◎ 墙距：墙间距一般宽度为 0.5 米左右，当兼作作业通道时，其宽度需增加一倍。墙间距兼作作业通道是比较有利的，可以使库内通道形成网络，方便作业。

◎ 垛距：它是指货垛与货垛或货架与货架之间的必要距离。垛距一般为 0.3~0.5 米。

◎ 柱距：货垛或货架与库房内支撑柱子之间应留有不小于 0.1~0.3 米的距离。

◎ 灯距：货垛与照明灯之间的必要距离称为灯距。灯距一般不少于 0.5 米。

◎ 顶距：顶距一般为 0.5~0.9 米。

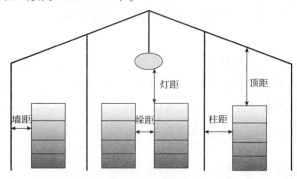

图 1-4-5　货垛的"五距"

思考讨论　流通型库房和储备型库房有哪些区别？

3. 仓库布局规划的步骤

步骤一，根据物流中心外部道路分布情况来决定出入门口的位置和厂房位置。

步骤二，设定厂房空间范围和各区域空间大小，以等比例的长方形表示。

步骤三，决定物流中心内从进货到出货的物流动线类型。

步骤四，按照作业流程的顺序安排各作业区域的位置，原则是先安排面积较大、长宽比例不易变动的区域，如储存区；再插入面积较小且长宽比例易于调整的区域，如分货区和暂存区。

步骤五，安排办公区的位置。

步骤六，进行各区域作业流程关联性检查，如果有违反关联性原则的（大流量的区域间隔距离太大），则返回步骤三进行修正，直到动线、区域安排和关联性达到一致为止。

思考讨论　实施仓库布局规划时，需要注意哪些事项？

四、货位布局

1. 平面布局

平面布局是指对货区内的货垛、通道、垛间（架间）距、收发货区等进行合理的规划，并正确处理它们的相对位置。主要依据库存各类物品在仓库中的作业成本，按成本高低分为 A、B、C 类，A 类物品作业量应占据作业最有利的货位，B 类次之，C 类再次之。

（1）横列式布局是指货位、货架或货垛与库房的宽向平行排列布置。主要优点：主通道长且宽，副通道短，整齐美观，便于存取查点，如果用于库房布局，则有利于通风和采光。如图 1-4-6 所示。

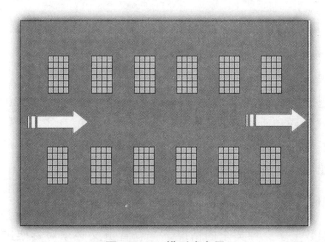

图 1-4-6 横列式布局

（2）纵列式布局是指货垛或货架的长度方向与仓库侧墙平行。主要优点：可以根据库存物品在库时间的不同和进出频繁程度安排货位，在库时间短、进出频繁的物品放置在主通道两侧；在库时间长、进出不频繁的物品放置在里侧。如图 1-4-7 所示。

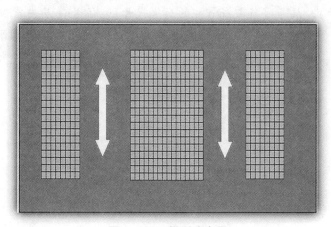

图 1-4-7 纵列式布局

（3）纵横式布局是指在同一保管场所内，横列式布局和纵列式布局兼而有之，可以综合利用两种布局的优点。如图1-4-8所示。

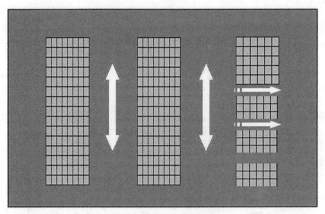

图1-4-8　纵横式布局

2. 倾斜式布局

倾斜式布局是指货垛或货架与仓库侧墙或主通道成60°、45°或30°夹角。具体包括货垛（架）倾斜式布局和通道倾斜式布局。

货位布局除了考虑平面布局，还应考虑空间布局，如就地堆码与架上平台共用、货架存放空中悬挂等，以便有效地利用空间，降低仓储成本。

五、货位编码

扫一扫：
进一步理解
四号定位法

在仓库中货架数量多、种类全的情况下，仓管员又必须对货架进行定位才能方便管理库存。货架的定位系统有效，将大大节约寻找、存放和取出货品的时间，提高效能，还能防止差错、便于清点以及实行订货点等管理方式。

"四号定位"是常用的一种管理货架的方式，是指用四个号码来表示物资在仓库中的位置的一种物资存储管理办法。这四个号码分别是：库号（或库内货区代号）、架号（货架、货柜代号）、层号（货架或货柜的层次代号）、位号（层内货位代号）。用这四个号码对库存物资进行编号，通过查阅物资的编号，就可以知道该物资存放的具体位置。

任务五　认识智慧仓储

任务目标

通过本任务的学习，可以达成以下目标：

知识目标	1. 理解智慧仓储的含义 2. 掌握智慧仓储的特点 3. 掌握智慧仓储系统构成
技能目标	1. 能对比分析智慧仓储的主要优势 2. 能准确梳理智慧仓储的硬件系统 3. 能准确梳理智慧仓储的软件系统
思政目标	具备认真细致的工作态度及较强的规划能力

任务发布

随着业务量以及客户的个性化需求的不断增长，华源集团物流中心承接了为大客户在天猫平台提供商品的存储、保管服务。其存储商品涉及服装、食品、电子、生活用品、书籍等多种类型，且存储商品的周转天数普遍较短；电商行业受各个大促的影响，经常会出现短期内订单量暴增的现象。另外，因库存商品管理方面的疏忽，"货不对位"的现象屡见不鲜，在订单拣选的准确性、效率方面也存在一些问题，无法很好地满足客户的需求，因此需要通过相关仓储技术、设备的引用来提升库存管理的质量。

该仓库的具体情况：

➤ 仓库面积：30000 多平方米
➤ 存储商品种类：约 12000 种
➤ 产品类型：服装、生活用品、食品、书籍等
➤ 出库类型：拆零出库
➤ 业务类型：线上订单
➤ 订单特点：多批次、小批量

张丽作为新员工，需要在理解智慧仓储优劣势的基础上，分析智慧仓储作业的软硬件系统，尝试为公司选择合适的智慧仓储作业场景。

任务引导

引导问题1 你知道智慧仓储和普通仓储相比，有哪些优势？尝试举例说明。

引导问题2 你认为在智慧仓储业务环节中，都会用到哪些智能化设施设备？尝试举例说明。

任务工单

智慧仓储任务工单见表1-5-1所示。

表1-5-1 智慧仓储任务工单

任务名称：	
组长：	组员：
任务分工：	
方法、工具：	
任务步骤：	

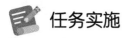 **任务实施**

步骤一　梳理智慧仓储硬件系统

智慧仓储系统是一种通过计算系统控制，能够对仓库和物资位置进行全面掌握，利用 RFID、网络通信、信息系统应用、人工智能等现代化技术及先进的管理方法，实现入库、出库、盘点、移库等业务操作系统化的一种系统。它具有自动抓取、自动路别、自动预警及智能管理功能，从而能够降低仓储成本，提高仓储效率，提升仓储智能管理的能力。

1. 梳理智慧仓储硬件系统

在对仓储布局进行合理规划的前提下，企业可以投入智能化的硬件设施来提高仓储的运作效率，这些新型硬件设备的使用不仅会提高仓储的自动化水平和物流运作效率，还会给企业带来可观的经济效益。

请根据智慧仓储的优势和特点，补充智慧仓储硬件系统图（见图 1-5-1）。

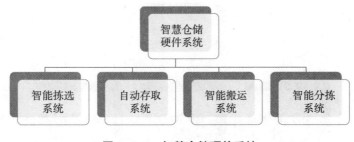

图 1-5-1　智慧仓储硬件系统

2. 智慧仓储硬件系统配置设备识别

智慧仓储可根据功能设计范围，进行详细的布置及选型设计，可根据不同的功能实现不同的效果，通常配置所需的硬件系统设备如表 1-5-2 所示，请根据所学知识完成表格填制。

表 1-5-2　硬件系统设备

设备名称	设备介绍
自动化立体仓库	
托盘	
巷道堆垛起重机	
穿梭车	
提升机	
输送机系统	

续表

设备名称	设备介绍
AGV、IGV 系统	
GAS	

步骤二　梳理智慧仓储软件系统

智慧仓储管理作为整个仓储系统的核心部分，除了提供基本仓储管理功能，还需要基于大数据平台建立库存预警、库存策略优化、库存分类分析等统计分析模型，为库存管理、生产运维提供辅助决策。

智慧仓储系统的最大的特点就是多功能集成，除了传统的库存管理，还要实现对流通中的货物进行检验、识别、计量、保管、加工以及集散等功能，这些功能的顺利实现，都依赖于智慧仓储软件系统。

1. 请结合仓储具体业务补充智慧仓储软件系统图（见图 1-5-2）

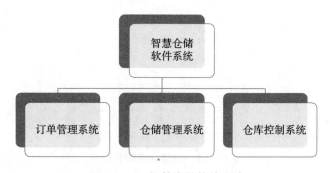

图 1-5-2　智慧仓储软件系统

2. 结合智慧仓储软件系统，梳理具体软件系统的主要功能，完成表 1-5-3 的填制

表 1-5-3　智慧仓储软件系统的主要功能

智慧仓储软件系统名称	系统简介
订单管理系统	
仓储管理系统	
仓库控制系统	

步骤三　智慧仓储作业场景分析

1. 智慧仓储作业场景对比

GTP 和 OTP 作业模式的应用场景比较相似，因此对两种作业模式进行对比分析。

在某些场景，会综合应用两种作业模式，请结合所学习的知识，分别从场景特点、存储系统、工作站以及输送方式，对比两种作业模式的应用场景，填制表 1-5-4。

表 1-5-4　GTP 和 OTP 作业模式的应用场景对比

类型	智慧仓储场景特点	智慧仓储存储系统	智慧仓储工作站	智慧仓储输送方式
GTP				
OTP				

2. 智慧仓储作业场景匹配

操作步骤 1：结合任务信息，天猫超市为线上购物平台，请分别从订单特点、商品特点、消费者特点以及作业痛点四个层面分析天猫超市的行业仓储特点，填制表 1-5-5。

表 1-5-5　天猫超市的行业仓储特点

订单特点	商品特点	消费者特点	作业痛点

操作步骤 2：结合智慧仓储的具体作业场景，选择合适的智慧仓储作业场景，填制表 1-5-6。

表 1-5-6　智慧仓储作业场景选择

作业场景类型	智慧仓储作业场景特点	匹配程度
P2P		
GTP		
OTP		

任务评价

学生自评表

班级		姓名		学号		
任务名称			认识智慧仓储			
评价项目（占比）		评价标准			分值	得分
考勤（10%）		无故旷课、迟到、早退（出现一次扣10分）			10	
		请假（出现一次扣2分）				
学习能力（70%）	合作学习能力	小组合作参与程度（优6分，良4分，一般2分，未参与0分）			6	
	个人学习能力	个人自主探究参与程度（优4分，良2分，未参与0分）			4	
	梳理智慧仓储硬件系统	能准确梳理智慧仓储硬件系统模块（每错一处扣2分）			8	
		能准确梳理智慧仓储硬件系统所需设备的主要内容（每错一处扣1分）			8	
	梳理智慧仓储软件系统	能准确梳理智慧仓储软件系统模块（每错一处扣2分）			6	
		能结合确定的智慧仓储软件系统梳理各系统模块的主要功能（每错一处扣4分）			12	
	智慧仓储作业场景分析	能准确分析智慧仓储中GTP和OTP两种作业模式的特点（每错一处扣2分）			8	
		能准确分析具体电商平台的仓储作业特点（每错一处扣3分）			12	
		能基于仓储作业特点选择较为匹配的智慧仓储作业场景（每错一处扣6分）			6	
工作成果（20%）	成果完成情况	能按规范及要求完成任务环节（未完成一处扣2分）			10	
	成果展示情况	能准确展示智慧仓储软硬件系统内容；能全面展示智慧仓储作业场景分析结果，并展示较为匹配的智慧仓储作业模式（失误一次扣5分）			10	
得分					100	

教师评价表

任务名称	认识智慧仓储					
授课信息						
班级		组别		姓名		学号	

评价项目（占比）		评价标准	分值	得分
考勤（10%）		无故旷课、迟到、早退（出现一次扣10分）	10	
		请假（出现一次扣2分）		
学习能力（70%）	合作学习能力	小组合作参与程度（优6分，良4分，一般2分，未参与0分）	6	
	个人学习能力	个人自主探究参与程度（优4分，良2分，未参与0分）	4	
	梳理智慧仓储硬件系统	能准确梳理智慧仓储硬件系统模块（每错一处扣2分）	8	
		能准确梳理智慧仓储硬件系统所需设备的主要内容（每错一处扣1分）	8	
	梳理智慧仓储软件系统	能准确梳理智慧仓储软件系统模块（每错一处扣2分）	6	
		能结合确定的智慧仓储软件系统梳理各系统模块的主要功能（每错一处扣4分）	12	
	智慧仓储作业场景分析	能准确分析智慧仓储中GTP和OTP两种作业模式的特点（每错一处扣2分）	8	
		能准确分析具体电商平台的仓储作业特点（每错一处扣3分）	12	
		能基于仓储作业特点选择较为匹配的智慧仓储作业场景（每错一处扣6分）	6	
工作成果（20%）	成果完成情况	能按规范及要求完成任务环节（未完成一处扣2分）	10	
	成果展示情况	能准确展示智慧仓储软硬件系统内容；能全面展示智慧仓储作业场景分析结果，并展示较为匹配的智慧仓储作业模式（失误一次扣5分）	10	
得分			100	

任务反思

在完成任务的过程中遇到了哪些问题，是如何解决的？

📺 知识学习

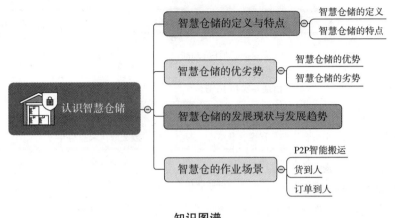

知识图谱

一、智慧仓储的定义与特点

1. 智慧仓储的定义

智慧仓储是智慧物流的重要节点，是指将仓储数据接入互联网系统，通过对数据的提取、运算、分析、优化、统计，再借助物联网、自动化设备、仓库管理系统（WMS）、仓库控制系统（WCS），实现对仓储系统的智慧管理、计划与控制。如图1-5-3所示。

图1-5-3 智慧仓储

智慧仓储是一种仓储管理理念，是通过信息化、物联网和机电一体化共同实现的智慧物流仓储新业态。通过合理运用无线射频识别的相关技术及相关网络技术等，对仓储管理过程实现信息化，对入库、盘点、出库等过程的相关数据进行采集并加以利用，从而降低仓储成本、提高运营效率、提升仓储管理能力，使仓储管理更加智慧化。

智慧仓储对传统的仓库管理系统进行相应改造，在一定程度上提高仓库管理相关流程的工作效率，并能够在不接触货物的情况下实现对货物的进出仓库检查，以及完成质量检查信息与后台数据库的连接，进而提高库存效率。

2. 智慧仓储的特点

（1）仓储管理信息化。在仓储作业中，会产生大量的货物信息、设备信息、环境信息和人员信息等，如何实现对信息的智能感知、处理和决策，利用信息对仓储作业的执行和流程进行优化，是智慧仓储研究的重点之一。智慧仓储是在仓储管理业务流程再造的基础上，利用 RFID、网络通信、信息系统应用等信息化技术，以及大数据、人工智能等管理方法实现入库、出库、盘库、移库管理的信息自动抓取、自动识别、自动预警及智能管理功能，以降低仓储成本、提高仓储效率、提升仓储智慧管理能力。

（2）仓储运行自动化。仓储运行自动化主要是指硬件部分如自动化立体仓库系统、自动分拣设备、分拣机器人，以及可穿戴设备技术的应用。自动化立体仓库系统包括立体存储系统、穿梭车等，分拣机器人主要包括关节机器人、机械手、蜘蛛手等。智慧仓储设备和智能机器人的使用能够提高作业效率，提高仓储的自动化水平。智能控制是在无人干预的情况下能自主地驱动智能机器实现控制目标的自动控制技术。对仓储设备和机器人进行智能控制，使其具有像人一样的感知、决策和执行的能力，设备之间能够进行沟通和协调，设备与人之间也能够更好地交互，从而大大减轻人力劳动的强度，提高操作的效率。自动化与智能控制的研究应用是最终实现智慧仓储系统运作的核心。

（3）仓储决策智慧化。仓储决策智慧化主要是对互联网技术［如大数据、云计算、人工智能（AI）、深度学习、物联网、机器视觉等］的广泛应用。利用这些数据和技术进行商品的销售和预测、智能库存的调拨和对个人消费习惯的发掘，能够实现根据个人的消费习惯进行精准推销。

二、智慧仓储的优劣势

1. 智慧仓储的优势

智慧仓储系统是智能制造工业 4.0 快速发展的一个重要组成部分，具有节约用地、减轻劳动强度、避免货物损坏或遗失、消除差错、提高仓储自动化水平和管理水平、提高操作人员素质、降低储运损耗、有效减少对流动资金的挤占、提高物流效率等诸多优点。具体来说，智慧仓储的优势体现在以下几个方面：

（1）高架存储，提高利用率。智慧仓储系统可以利用高层货架存储货物，最大限度地利用空间，大幅降低土地成本。与普通仓库相比，智慧仓储系统一般可以节省60%以上的土地面积。

（2）无人化作业，节省人力。智慧仓储系统可以实现无人化作业，不仅能大幅节省人力资源，减少人力成本，还能够更好地满足黑暗、低温、有毒等特殊环境的需求，使智慧仓储系统具有更为广阔的应用前景。

（3）账实同步，节约资金。智慧仓储系统可以做到账实同步，并可以与企业内部网融合，企业只需建立合理的库存，即可保证生产全过程顺畅，从而大大提高公司的现金流，减少不必要的库存，同时也避免了人为因素造成的错账、漏账、呆账、账实不一致等问题。虽然智慧仓储系统初始投入较大，但一次投入长期受益，总体上能够实现资金的节约。

（4）自动控制，提高效率。智慧仓储系统中物品出入库都是由计算机自动控制的，可迅速、准确地将物品输送到指定位置，减少了车辆待装待卸时间，可大幅提高仓库的存储周转效率，降低存储成本。

（5）系统管理，提升形象。智慧仓储系统的建立不仅能提高企业的系统管理水平，还能提升企业的整体形象以及在客户心目中的地位，为企业赢得更大的市场，进而创造更大的财富。

2. 智慧仓储的劣势

智慧仓储系统虽然具有很多优点，但其劣势也不容忽视，主要体现在以下方面：

（1）投资大，建设周期长。智慧仓储建设是系统工程，货架安装精度要求高，需要配套的设备多，设备间的连接和软件管理系统都非常复杂，安装调试难度大，需要投入的资金多，建设周期较长。

（2）建设完成后不易更改。智慧仓储系统都是根据各企业的具体需求量身定制的，一旦建设完成，就限定了货架产品或其包装的最大尺寸和重量，超过规定尺寸和重量的货物不能存入货架。相应地，其他配套设备也不能轻易改动，否则很可能会出现牵一发而动全身的被动局面。

（3）事故一旦发生，后果严重。由于智慧仓储系统的操作需要由计算机控制多个设备来协调完成，一旦某个关键环节如计算机控制软件系统出现故障，很有可能导致整个仓库无法正常工作。

（4）保养维护依赖度大。智慧仓储系统是一个复杂的系统，为了维持这些设备稳定地运转，必须定期进行保养和维护，同时也要根据需要对部分软件进行升级。特别是对于技术含量高的设备和软件，如码垛机器人、自动控制系统等，必须由系统供应商的专业人员进行维护和升级。这就需要客户与系统供应商保持长期联系，以便在系统出现问题时，及时让系统供应商了解情况并解决问题。

（5）业务培训技术性强。智慧仓储系统实行自动控制与管理，投资大、技术性强，一旦出现较大的操作失误将会造成严重后果。因此，所有智慧仓储系统建成后，都需要对相关工作人员进行专门的业务培训，使他们能胜任工作，这也给企业的管理带来了一定的难度。

三、智慧仓储的发展现状与发展趋势

1. 智慧仓储的发展现状

当前，我国智慧仓储在"互联网+"战略的带动下快速发展，与大数据、云计算等新一代互联网技术深度融合，整个行业向着运行高效、流通快速的方向迈进。具体表现如下：

（1）仓储行业转型升级取得初步成果。从经营模式来看，仓储企业正逐步完善相关服务配套设施，转变企业经营模式，努力实现仓库空间利用率最大化，并向各种类型配送中心发展。从发展方向来看，企业通过并购重组、延伸产业服务链条等方式，实现仓储领域向网络化与一体化服务发展。

（2）新兴仓储领域快速发展。在电商、快递仓储方面，电商企业将竞争力放在提高用户体验、提升配送效率上，一方面加快建物流设施，另一方面对外开放仓储资源；同时在快递公司上市潮的资本市场推动下，仓储领域的技术和服务水平得以快速提高。

（3）仓储机械化与信息化水平有所提高。从机械化水平来看，以货架、穿梭车、AGV、"货到人"机器人等为代表的仓储装备和仓储信息系统在大中型仓储企业的应用状况良好。从信息化水平来看，我国仓储业的信息化正在向深度（智慧仓储）与广度（互联网平台）发展，条码、智能标签、无线射频识别等自动识别标识技术以及可视化及货物跟踪系统、自动或快速分拣技术，在一些大型电商企业、医药、烟草、电子等专业仓储企业的应用比例不断增大。

2. 智慧仓储的发展趋势

随着物联网、大数据、人工智能等信息技术进一步发展，以及资本市场对智能仓储科技应用场景的关注，智能仓储物联网等行业标准法规将逐步完善，机器人和认知技术、3D 打印技术等科技将在仓储物流领域得到深度应用，预测性维护和按需仓储将得到更多关注。

随着政府相继出台各种政策来鼓励和支持"物流行业高质量发展"，同时新一代信息技术与制造业深度融合的智能制造作为大的国家发展战略，智能仓储行业已经迎来了发展的黄金期，未来行业将朝国际化、智慧化、绿色化、龙头化或集群化和服务化的方向发展。

（1）物流的国际化。在资本市场得到初步认同的物流企业，随着政策利好，陆续抢占海外市场。圆通收购先达，在东南亚、"一带一路"沿线及华人华企聚集的区域建立多式联运转运集散枢纽，布局海外仓储、转运、集散业务，服务进口与出口。

顺丰与 UPS 成立合资公司已获监管审批。阿里巴巴海外试验区马来西亚数字自由贸易区在吉隆坡启用运营，菜鸟驿站、智能仓库跟随落地。当物流企业在国内市场的格局逐渐成形时，拓展海外市场以配合快速发展的跨境电商就成为物流企业新的筹划。

（2）仓储的智慧化。随着工业 4.0 时代的加速到来，资本市场及物流企业对智慧物流科技应用场景的落地拥有较高期待。

下游客户的需求也从自动化升级为智能化，5G、物联网、人工智能、大数据分析等智能技术将在仓储物流领域得以深度应用。面对需要用较短的时间对千万件的快递进行运输、分拣和派送，无论是电商企业还是物流企业，均对智慧化设备寄予了厚望，借此分解庞大订单量的压力。京东已经建成全流程无人仓，实现从入库存储到包装、分拣等环节全流程、全系统的智能化和无人化。智能化将逐渐渗透物流的各个环节，技术新红利正在重塑物流价值，成为物流行业转型的新动能。全自动分拣设备、无人机、无人送货的热度不断攀升，智能化的物流配送正在成为发展的趋势。物流企业的电子面单背后都串联着发货商、快递公司、收货人各个环节的数据信息，通过系统支撑确保快件在各个运转环节的可视化。

（3）智慧仓储的绿色化。面对高企的物流成本，绿色化已经被视为减少成本的关键。"清流计划""漂流瓶""绿色物流"等词汇围绕着减少物流包装成本这一目标不断升温并发酵，尤其在快递纸箱所用的瓦楞纸成本接连攀升后，循环使用快递箱或研发可替代的产品已然成为行业热议的焦点。无论是为缓解原纸涨价带来的成本压力，还是响应环保政策承担社会责任，苏宁、京东、菜鸟网络等众多电商企业以及快递企业，纷纷在快递纸箱上下功夫，为减少物流中的包装成本提供可能性。循环包装袋与纸箱、快递袋也将逐渐被众多物流企业和电商企业使用。

（4）智慧仓储的龙头化或集群化。随着经济增速的放缓和供给侧结构性改革的深入，行业洗牌开始加速，龙头企业的技术、资金、规模成本等优势逐步显现，市场将逐步向龙头企业集中。随着市场竞争的加剧，产业集群成为一种新的发展模式。物流产业集群是一种经济社会现象，是物流专业化分工与协作水平不断提高的产物，是一种遵循经济原则的组织形式和经济现象。物流产业集群介于市场和企业之间，按照一定的规则运行并自我发展。

（5）智慧仓储的服务化。仓储智能化的需求不仅是设备的需求，还需要厂商能够提供一整套完善的软硬件方案，做到搜集数据、分析数据、作出决策，指导优化生产过程，并且迭代升级。因此，未来传统的仓储物流设备厂商将向服务商转型。

四、智慧仓的作业场景

1. P2P 智能搬运

P2P（Point to Point）搬运是指点到点的搬运，多用于工厂场景，如将物料从流水线的 a 处搬运至 b 处。项目不同，P2P 搬运场景的复杂程度也不同。P2P 智能搬运方式在智能工厂被广泛采用，在智能工厂中经常会存在上下游物料供应的业务，上游多个产线产出的物料，需要运送给下游多个产线使用。

P2P 智能搬运的作业流程：
- 上游产线呼叫机器人把摆放在货架上的物料运走。
- 系统同时接收下游产线的物料需求，在系统中进行需求排队。
- 机器人到上游产线搬运物料准备完成的货架。
- 机器人搬运货架前往当前需要该物料的下游产线。
- 下游产线取出所需物料，放行（还有其他需求方且物料还有剩余）或释放机器人（没有其他需求方或物料无剩余）。
- 放行的机器人前往下一个需求方产线，搬运完物料后重复上一个步骤。
- 释放后的机器人搬运空货架回到原来的出发位置上游产线，放下货架，等待下一次物料搬运呼叫。

图 1-5-4 为 P2P 的作业场景。

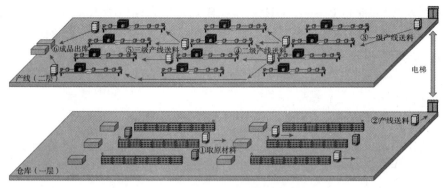

图 1-5-4　P2P 作业场景

2. 货到人

货到人（Good to Person，GTP）作业模式替代传统人工仓人找货的模式，由仓储机器人根据订单任务将要拣选的货品货架主动搬运到拣货点，拣货人员在拣货点完成拣货；机器人再将货架搬运到下一个拣货点或搬回库存区。

GTP 的作业流程：

- 客户下单。
- 仓储系统进行订单分析、合单、分拨等处理。
- 仓储系统处理完成后将一组订单交由调度系统处理，调度系统根据订单内容将工作任务分配给多个机器人和工作站，同时进行路径规划。
- 运营调度系统调度多台机器人根据订单内容将需要拣选货品货架搬运到对应的工作站。
- 工作站拣货员完成摘取、播种作业。
- 经过机器人周而复始地实现货到人拣选，完成波次订单拣选。
- 订单拣选完成后由打包人员完成复核和打包。

图 1-5-5 为 GTP 的作业场景。

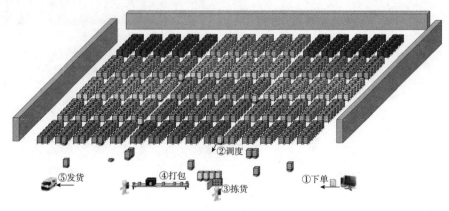

图 1-5-5　GTP 作业场景

3. 订单到人

订单到人（Order to Person，OTP）作业模式是指仓储机器人将有包装箱的拣选货架运到各拣选站点，由区域拣选员进行拣货，在拣选站完成按订单播种作业，边拣边分。拣选完成后，机器人载包装箱到操作台直接进行复核、打包与发运。

OTP 的作业流程：

- 客户下单。
- 仓储系统进行订单分析、合单、并单、分拨等处理。
- 仓储系统处理完成后将一组订单交由运营调度系统处理，运营调度系统根据订单内容将工作任务分配给多个仓储机器人和拣货台，同时进行路径规划。
- 运营调度系统经过调度仓储机器人（带着订单任务和一个空的搬运货架）到不同的区域拣货点完成拣货。
- 区域拣货点的拣货员根据当前仓储机器人的订单任务完成摘取和播种。
- 区域拣货员完成任务后，仓储机器人到下一个或多个拣货点继续完成拣货。
- 仓储机器人完成分配的订单拣货任务后，自动回到包装区域。
- 由包装员卸货完成复核、打包。

图 1-5-6 为 OTP 的作业场景。

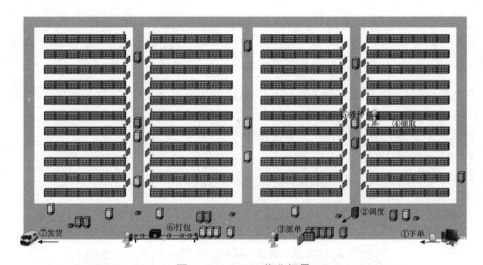

图 1-5-6　OTP 作业场景

Project **Two**

项目二　仓储数据统计与分析

任务一　出入库报表统计与分析

任务目标

通过本任务的学习，可以达成以下目标：

知识目标	1. 了解出入库报表 2. 掌握出入库报表统计方法 3. 掌握出入库报表分析方法
技能目标	1. 能进行出入库报表统计 2. 能进行出入库报表分析
思政目标	具备认真细致的工作态度及较强的统计分析能力

任务发布

华源物流集团拟在 A 园区建设仓库，该仓库计划为所在区域的超市提供仓储配送服务。根据前期对配送需求的调研，确定该仓储配送中心基于商品 ABC 分类进行仓库布局。

根据前期数据情况，统计托盘货架 A 区近 10 天出入库信息见表 2-1-1 至表 2-1-10。

表 2-1-1　出入库日报表（2022 年 6 月 11 日　17：30）

序号	货物名称	出库量（箱）
1	尖叫活性肽运动饮料 550mL	10
2	尖叫纤维饮料 550mL	23
3	尖叫植物饮料 550mL	14
4	水溶 C100 柠檬味 445mL	15
5	农夫果园 100%橙汁 380mL	18
6	农夫果园 100%番茄汁 380mL	8
7	农夫果园 100%胡萝卜汁 380mL	15

序号	货物名称	出库量（箱）
8	农夫果园 30%混合果蔬橙味 1.5L	16
9	农夫果园 30%混合果蔬番茄味 1.5L	5
10	农夫果园 30%混合果蔬番茄味 500mL	12
11	农夫果园 30%混合果蔬芒果味 1.5L	6
12	农夫果园 30%混合果蔬芒果味 500mL	9
13	农夫山泉饮用天然水 19L	13
14	农夫山泉饮用天然水 4L	6
15	农夫山泉饮用天然水 550mL	7

表 2-1-2　出入库日报表（2022 年 6 月 12 日　17：30）

序号	货物名称	入库量（箱）	生产日期	出库量（箱）
1	水溶 C100 青皮橘味 445mL	50	20220403	6
2	水溶 C100 西柚味 445mL	50	20220403	
3	水溶 C100 柠檬味 445mL	120	20220403	35
4	农夫果园 100%橙汁 380mL	40	20220511	15
5	农夫果园 100%番茄汁 380mL	30	20220511	6
6	农夫果园 100%胡萝卜汁 380mL	45	20220511	13
7	农夫果园 30%混合果蔬橙味 1.5L	50	20220511	23
8	农夫果园 30%混合果蔬橙味 500mL	15	20220511	2
9	农夫果园 30%混合果蔬番茄味 1.5L	20	20220511	6
10	农夫果园 30%混合果蔬番茄味 500mL	60	20220511	13
11	农夫果园 30%混合果蔬芒果味 1.5L			10
12	农夫果园 30%混合果蔬芒果味 500mL	40	20220511	
13	尖叫活性肽运动饮料 550mL			12
14	尖叫纤维饮料 550mL	100	20220412	28
15	尖叫植物饮料 550mL			15
16	农夫山泉饮用天然水 380mL			12
17	农夫山泉饮用天然水 4L	25	20220407	10
18	农夫山泉饮用天然水 550mL	90	20220407	45
19	农夫山泉饮用天然水 5L	30	20220407	
20	农夫山泉饮用天然水 1.5L	10	20220407	
21	农夫山泉饮用天然水 19L	80	20220407	

表 2-1-3　出入库日报表（2022 年 6 月 13 日　17：30）

序号	货物名称	出库量（箱）
1	农夫果园 100% 胡萝卜汁 380mL	16
2	农夫果园 30% 混合果蔬橙味 1.5L	21
3	尖叫活性肽运动饮料 550mL	16
4	农夫果园 30% 混合果蔬橙味 500mL	5
5	农夫果园 30% 混合果蔬番茄味 1.5L	9
6	尖叫纤维饮料 550mL	23
7	农夫果园 30% 混合果蔬番茄味 500mL	17
8	农夫果园 30% 混合果蔬芒果味 500mL	24
9	水溶 C100 西柚味 445mL	3
10	农夫山泉饮用天然水 380mL	14
11	农夫果园 100% 番茄汁 380mL	8
12	农夫山泉饮用天然水 5L	20
13	水溶 C100 柠檬味 445mL	45
14	农夫山泉饮用天然水 1.5L	6
15	农夫山泉饮用天然水 19L	38
16	农夫山泉饮用天然水 4L	6
17	农夫山泉饮用天然水 550mL	27
18	水溶 C100 青皮桔味 445mL	2

表 2-1-4　出入库日报表（2022 年 6 月 14 日　17：30）

序号	货物名称	出库量（箱）
1	农夫果园 30% 混合果蔬橙味 500mL	2
2	农夫果园 30% 混合果蔬番茄味 1.5L	9
3	农夫果园 30% 混合果蔬番茄味 500mL	15
4	尖叫活性肽运动饮料 550mL	12
5	水溶 C100 西柚味 445mL	4
6	尖叫植物饮料 550mL	13
7	农夫果园 100% 橙汁 380mL	20
8	农夫果园 100% 番茄汁 380mL	11
9	农夫山泉饮用天然水 380mL	17
10	水溶 C100 柠檬味 445mL	50
11	尖叫纤维饮料 550mL	32
12	农夫果园 30% 混合果蔬芒果味 1.5L	8

续表

序号	货物名称	出库量（箱）
13	农夫果园 30%混合果蔬芒果味 500mL	21
14	农夫山泉饮用天然水 1.5L	6
15	农夫山泉饮用天然水 19L	25
16	农夫山泉饮用天然水 550mL	33
17	农夫山泉饮用天然水 4L	10

表 2-1-5　出入库日报表（2022 年 6 月 15 日　17：30）

序号	货物名称	入库量（箱）	生产日期	出库量（箱）
1	尖叫活性肽运动饮料 550mL	50	20220412	20
2	尖叫纤维饮料 550mL			12
3	尖叫植物饮料 550mL	30	20220412	10
4	农夫果园 100%橙汁 380mL	40	20220511	15
5	农夫果园 100%番茄汁 380mL	40	20220511	19
6	农夫果园 100%胡萝卜汁 380mL			12
7	农夫果园 30%混合果蔬橙味 1.5L	60	20220511	23
8	农夫果园 30%混合果蔬橙味 500mL	10	20220511	3
9	农夫果园 30%混合果蔬番茄味 1.5L	35	20220511	7
10	农夫果园 30%混合果蔬番茄味 500mL	80	20220511	20
11	农夫果园 30%混合果蔬芒果味 1.5L	20	20220511	10
12	农夫果园 30%混合果蔬芒果味 500mL	50	20220511	
13	农夫山泉饮用天然水 1.5L	15	20220412	
14	农夫山泉饮用天然水 19L	100	20220412	40
15	农夫山泉饮用天然水 380mL	80	20220412	22
16	农夫山泉饮用天然水 4L	40	20220412	15
17	农夫山泉饮用天然水 550mL	150	20220412	50
18	农夫山泉饮用天然水 5L	20	20220412	
19	水溶 C100 柠檬味 445mL	150	20220410	45
20	水溶 C100 青皮桔味 445mL			12

表 2-1-6　出入库日报表（2022 年 6 月 16 日　17：30）

序号	货物名称	出库量（箱）
1	尖叫活性肽运动饮料 550mL	15
2	水溶 C100 西柚味 445mL	15

续表

序号	货物名称	出库量（箱）
3	尖叫纤维饮料 550mL	10
4	水溶 C100 柠檬味 445mL	50
5	尖叫植物饮料 550mL	12
6	农夫山泉饮用天然水 550mL	60
7	农夫果园 100%橙汁 380mL	20
8	农夫山泉饮用天然水 380mL	23
9	农夫果园 100%番茄汁 380mL	16
10	农夫山泉饮用天然水 1.5L	7
11	农夫果园 100%胡萝卜汁 380mL	11
12	农夫果园 30%混合果蔬芒果味 1.5L	8
13	农夫果园 30%混合果蔬橙味 1.5L	30
14	农夫山泉饮用天然水 4L	15
15	农夫果园 30%混合果蔬橙味 500mL	3
16	农夫山泉饮用天然水 19L	50
17	农夫果园 30%混合果蔬番茄味 1.5L	8
18	农夫果园 30%混合果蔬芒果味 500mL	25
19	农夫果园 30%混合果蔬番茄味 500mL	20

表 2-1-7　出入库日报表（2022 年 6 月 17 日　17：30）

序号	货物名称	出库量（箱）
1	尖叫活性肽运动饮料 550mL	18
2	农夫山泉饮用天然水 550mL	45
3	尖叫植物饮料 550mL	8
4	农夫果园 100%橙汁 380mL	13
5	农夫果园 100%番茄汁 380mL	23
6	农夫果园 100%胡萝卜汁 380mL	16
7	农夫山泉饮用天然水 19L	44
8	农夫山泉饮用天然水 380mL	24
9	农夫山泉饮用天然水 4L	15
10	农夫果园 30%混合果蔬橙味 1.5L	20
11	农夫果园 30%混合果蔬橙味 500mL	4
12	农夫果园 30%混合果蔬番茄味 1.5L	9
13	农夫果园 30%混合果蔬番茄味 500mL	30
14	农夫山泉饮用天然水 5L	20
15	水溶 C100 柠檬味 445mL	45

续表

序号	货物名称	出库量（箱）
16	尖叫纤维饮料 550mL	13
17	农夫果园 30%混合果蔬芒果味 1.5L	8
18	农夫果园 30%混合果蔬芒果味 500mL	30

表 2-1-8　出入库日报表（2022 年 6 月 18 日　17：30）

序号	货物名称	入库量（箱）	生产日期	出库量（箱）
1	尖叫活性肽运动饮料 550mL	60	20220412	20
2	农夫果园 100%橙汁 380mL	60	20220511	23
3	尖叫纤维饮料 550mL	60	20220412	15
4	农夫果园 100%番茄汁 380mL	60	20220511	19
5	尖叫植物饮料 550mL	50	20220412	15
6	农夫果园 30%混合果蔬番茄味 500mL	70	20220511	30
7	农夫果园 30%混合果蔬芒果味 500mL	80	20220511	20
8	农夫果园 100%胡萝卜汁 380mL	50	20220511	12
9	农夫果园 30%混合果蔬橙味 1.5L	80	20220511	25
10	农夫果园 30%混合果蔬橙味 500mL	10	20220511	4
11	农夫果园 30%混合果蔬番茄味 1.5L	40	20220511	8
12	农夫山泉饮用天然水 380mL	80	20220417	23
13	农夫果园 30%混合果蔬芒果味 1.5L	20	20220511	8
14	农夫山泉饮用天然水 550mL	200	20220417	60
15	农夫山泉饮用天然水 1.5L	10	20220417	
16	农夫山泉饮用天然水 19L	150	20220417	45
17	水溶 C100 柠檬味 445mL	180	20220410	50
18	农夫山泉饮用天然水 4L	50	20220417	15
19	水溶 C100 西柚味 445mL			12
20	农夫山泉饮用天然水 5L	10	20220417	8
21	水溶 C100 青皮桔味 445mL			6

表 2-1-9　出入库日报表（2022 年 6 月 19 日　17：30）

序号	货物名称	出库量（箱）
1	农夫果园 30%混合果蔬番茄味 500mL	30
2	农夫果园 30%混合果蔬芒果味 1.5L	10
3	农夫果园 30%混合果蔬芒果味 500mL	20
4	农夫果园 100%橙汁 380mL	27
5	农夫果园 100%番茄汁 380mL	13

续表

序号	货物名称	出库量（箱）
6	农夫果园 100%胡萝卜汁 380mL	10
7	农夫果园 30%混合果蔬橙味 1.5L	35
8	尖叫活性肽运动饮料 550mL	22
9	农夫果园 30%混合果蔬橙味 500mL	4
10	尖叫植物饮料 550mL	17
11	农夫果园 30%混合果蔬番茄味 1.5L	10
12	尖叫纤维饮料 550mL	18
13	水溶 C100 柠檬味 445mL	70
14	水溶 C100 青皮桔味 445mL	8
15	农夫山泉饮用天然水 380mL	31
16	农夫山泉饮用天然水 1.5L	8
17	农夫山泉饮用天然水 19L	40
18	农夫山泉饮用天然水 5L	6
19	农夫山泉饮用天然水 4L	16
20	农夫山泉饮用天然水 550mL	58
21	水溶 C100 西柚味 445mL	10

表 2-1-10　出入库日报表（2022 年 6 月 20 日　17：30）

序号	货物名称	出库量（箱）
1	农夫山泉饮用天然水 380mL	28
2	农夫山泉饮用天然水 550mL	60
3	尖叫活性肽运动饮料 550mL	18
4	尖叫纤维饮料 550mL	15
5	尖叫植物饮料 550mL	20
6	水溶 C100 柠檬味 445mL	50
7	农夫果园 100%番茄汁 380mL	16
8	农夫果园 100%胡萝卜汁 380mL	12
9	水溶 C100 青皮桔味 445mL	6
10	农夫果园 30%混合果蔬橙味 500mL	4
11	水溶 C100 西柚味 445mL	10
12	农夫果园 30%混合果蔬番茄味 500mL	30
13	农夫果园 30%混合果蔬芒果味 1.5L	8
14	农夫果园 30%混合果蔬芒果味 500mL	25
15	农夫山泉饮用天然水 19L	45

续表

序号	货物名称	出库量（箱）
16	农夫果园 100%橙汁 380mL	18
17	农夫山泉饮用天然水 4L	20
18	农夫果园 30%混合果蔬橙味 1.5L	30
19	农夫山泉饮用天然水 5L	4
20	农夫果园 30%混合果蔬番茄味 1.5L	9

任务引导

引导问题 你知道数据汇总的方法有哪些？尝试举例说明。

任务工单

出入库报表统计与分析任务工单如表 2-1-11 所示。

表 2-1-11 出入库报表统计与分析任务工单

任务名称：	
组长：	组员：
任务分工：	
方法、工具：	
任务步骤：	

任务实施

步骤一　将近 10 天的出入库报表复制到 Excel 中

根据发布的近 10 天的出入库数据，将这些数据按照货物名称、出库量（箱）、入库量（箱）的顺序——复制到 Excel 中。

步骤二　运用透视表统计近 10 天的出入库数据

运用 Excel 强大的数据处理能力，对近 10 天的出入库数据进行汇总分析。将近 10 天的数据，插入数据透视表。

打开表格和区域对话框，点击现有工作表，点击需要放数据的目标单元格（没有特定位置，根据自己实际需要选择即可），再点击"确定"按钮。

将货物名称拖动至行，出库量和入库量拖动至值。

点击值区域的出库量右边的倒三角，进行值字段设置，将计算类型改为求和；入库量同理。如此，在表格区域就可以汇总出近 10 天的出入库数据。

步骤三 将汇总出来的数据进行排序

将用透视表汇总出来的数据进行排序。复制透视表中的数据到新的位置，然后选择
＿＿＿—＿＿＿—＿＿＿＿＿—＿＿＿＿—＿＿＿＿，即可完成数据的排序。

图 2-1-1 数据透视表

步骤四 调整行高和列宽，对数据表设置边框，美化表格

 任务评价

学生自评表

班级			姓名			学号	
任务名称				出入库报表统计与分析			
评价项目 （占比）		评价标准				分值	得分
考勤 （10%）	无故旷课、迟到、早退（出现一次扣10分）					10	
	请假（出现一次扣2分）						
学习能力 （10%）	合作学习能力	小组合作参与程度（优6分，良4分，一般2分，未参与0分）				6	
	个人学习能力	个人自主探究参与程度（优4分，良2分，未参与0分）				4	
工作过程 （60%）	对数据进行复制	能准确的将word中的数据复制到Excel中（每错一天处扣1分）				10	
	应用数据透视表 进行数据汇总	能运用数据透视表选中需要透视的数据（每错一处扣2分）				20	
		能正确选择需要透视的数据项（每错一处扣5分）				10	
		能准确运用透视表统计近10天的出入库数据（每错一处扣10分）				10	
	数据排序	能结合实际情况准确进行数据排序（每错一处扣5分）				5	
	美化表格	能利用Excel进行表格美化（每错一处扣5分）				5	
工作成果 （20%）	成果完成情况	能按规范及要求完成任务环节（未完成一处扣2分）				10	
	成果展示情况	能准确展示出入库报表（失误一次扣5分）				10	
得分						100	

教师评价表

任务名称	出入库报表统计与分析					
授课信息						
班级		组别		姓名		学号
评价项目（占比）		评价标准			分值	得分
考勤（10%）	无故旷课、迟到、早退（出现一次扣10分）				10	
	请假（出现一次扣2分）					
学习能力（10%）	合作学习能力	小组合作参与程度（优6分，良4分，一般2分，未参与0分）			6	
	个人学习能力	个人自主探究参与程度（优4分，良2分，未参与0分）			4	
工作过程（60%）	对数据进行复制	能准确地将word中的数据复制到Excel中（每错一天处扣1分）			10	
	应用数据透视表进行数据汇总	能运用数据透视表选中需要透视的数据（每错一处扣2分）			20	
		能正确选择需要透视的数据项（每错一处扣5分）			10	
		能准确运用透视表统计近10天的出入库数据（每错一处扣10分）			10	
	数据排序	能结合实际情况准确进行数据排序（每错一处扣5分）			5	
	美化表格	能利用Excel进行表格美化（每错一处扣5分）			5	
工作成果（20%）	成果完成情况	能按规范及要求完成任务环节（未完成一处扣2分）			10	
	成果展示情况	能准确展示出入库报表（失误一次扣5分）			10	
得分					100	

任务反思

在完成任务的过程中，遇到了哪些问题，是如何解决的？

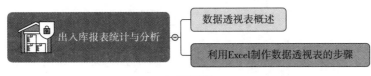

知识学习

知识图谱

一、数据透视表概述

数据透视表（Pivot Table）是一种交互式的表，可以进行某些计算，如求和、计数等。所进行的计算与数据在数据透视表中的排列有关。

之所以称为数据透视表，是因为它可以动态地改变它们的版面布置，以便按照不同方式分析数据，也可以重新安排行号、列标和页字段。每次改变版面布置时，数据透视表会立即按照新的布置重新计算数据。另外，如果原始数据发生更改，则可以更新数据透视表。

例如，可以水平或者垂直显示字段值，然后计算每行或列的合计；也可以将字段值作为行号或列标，在每行和列的交汇处计算出各自的数量，然后计算小计和总计。

如果按季度来分析每个雇员的销售业绩，则可以将雇员名称作为列标放在数据透视表的顶端，将季度名称作为行号放在表的左侧，然后对每个雇员以季度计算销售数量，放在每个行和列的交汇处。

数据透视表具有以下特点：

◎ 集排序、筛选、组合、汇总等功能于一体的集合体。

◎ 一种交互式报表。

◎ 强大、灵活的处理数据功能。

◎ 提高工作效率。

二、利用 Excel 制作数据透视表的步骤

第一步：打开数据表格，点击任意单元格，选择"插入"—"数据透视表"。

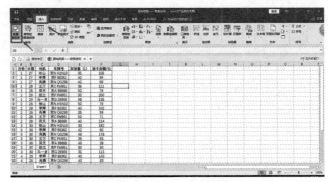

图 2-1-2　打开数据表格

第二步：选择数据透视表显示位置，进入数据透视表设计。

图 2-1-3　数据透视操作

第三步：设置数据透视表。

图 2-1-4　数据透视字段选择

此处需要注意的是页字段、行字段、列字段不能重复拖放，也就是说，一个字段不能同时既是页字段，又是行字段或列字段；任何一个页、行、列字段，均可拖曳到数据区域，此时可对该字段进行记数汇总。

图 2-1-5　字段汇总

可供选择的计算类型有求和、计数、平均值、最大值、最小值、乘积、数值计算、标准偏差、总体标准偏差、方差、总体方差。

第四步：数据透视表展示。

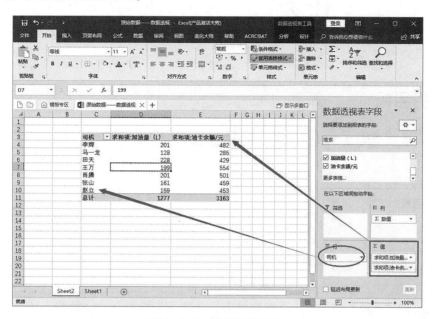

图 2-1-6　数据透视展示

任务二　ABC 分类

任务目标

通过本任务的学习，可以达成以下目标：

知识目标	1. 了解 ABC 分类的产生和发展 2. 了解 ABC 分类的应用意义 3. 熟悉 ABC 分类的操作流程 4. 掌握 ABC 分类的具体应用
技能目标	1. 能运用 ABC 分类方法进行数据统计分析 2. 能运用 ABC 分类方法进行具体应用
思政目标	具备认真细致的工作态度及较强的统计分析能力

任务发布

华源物流集团拟在 A 园区建设仓库，该仓库计划为所在区域的超市提供仓储配送服务。根据前期对配送需求的调研，确定该仓储配送中心基于商品 ABC 分类进行仓库布局。

对托盘货架 A 区近 10 天出入库量进行汇总，如表 2-2-1 所示。

表 2-2-1　托盘货架 A 区近 10 天出入库量汇总

序号	货物名称	入库量（箱）	出库量（箱）
1	水溶 C100 柠檬味 445mL	450	455
2	农夫山泉饮用天然水 550mL	440	445
3	农夫山泉饮用天然水 19L	330	340
4	农夫果园 30%混合果蔬橙味 1.5L	190	223
5	农夫果园 30%混合果蔬番茄味 500mL	210	217
6	农夫山泉饮用天然水 380mL	160	194
7	尖叫纤维饮料 550mL	160	189
8	农夫果园 30%混合果蔬芒果味 500mL	170	174

序号	货物名称	入库量（箱）	出库量（箱）
9	农夫果园 100%橙汁 380mL	140	169
10	尖叫活性肽运动饮料 550mL	110	163
11	农夫果园 100%番茄汁 380mL	130	139
12	农夫山泉饮用天然水 4L	115	128
13	尖叫植物饮料 550mL	80	124
14	农夫果园 100%胡萝卜汁 380mL	95	117
15	农夫果园 30%混合果蔬番茄味 1.5L	95	80
16	农夫果园 30%混合果蔬芒果味 1.5L	40	76
17	农夫山泉饮用天然水 5L	60	58
18	水溶 C100 西柚味 445mL	50	54
19	水溶 C100 青皮桔味 445mL	50	40
20	农夫果园 30%混合果蔬橙味 500mL	35	31
21	农夫山泉饮用天然水 1.5L	35	27
	总计	3145	3443

根据托盘货架 A 区近 10 天的总出库量，完成托盘货架 A 区的 ABC 分类，过程保留两位小数（如 12.12%）。分类标准见表 2-2-2。

表 2-2-2　托盘货架 A 区的分类标准

品种累计占比（%）	0<A≤35	35<B≤70	70<C≤100
出库量累计占比（%）	0<A≤60	60<B≤90	90<C≤100

任务引导

引导问题 1　你知道 ABC 分类是怎样产生和发展的吗？

....

....

....

引导问题 2　仓储中常用的 ABC 分类标准有哪些？请举例说明。

....

....

....

任务工单

ABC 分类任务工单如表 2-2-3 所示。

表 2-2-3 ABC 分类任务工单

任务名称：	
组长：	组员：
任务分工：	
方法、工具：	
任务步骤：	

 **任务实施**

步骤一 分析 ABC 分类标准

根据托盘货架 A 区近 10 天的总出库量，完成托盘货架 A 区的 ABC 分类，过程保留两位小数（如 12.12%）。分类标准见表 2-2-4。

表 2-2-4 ABC 分类标准

品种累计占比（%）	0<A≤35	35<B≤70	70<C≤100
出库量累计占比（%）	0<A≤60	60<B≤90	90<C≤100

从分类标准可知，需要统计的数据包括：

步骤二 统计品种累计百分比

通过分析 ABC 分类标准得知，首先要统计品种累计百分比。请完成下表填制。

表 2-2-5　统计品种累计百分比

序号	货物名称	出库量（箱）	品种累计百分比（%）
1	水溶 C100 柠檬味 445mL	455	
2	农夫山泉饮用天然水 550mL	445	
3	农夫山泉饮用天然水 19L	340	
4	农夫果园 30%混合果蔬橙味 1.5L	223	
5	农夫果园 30%混合果蔬番茄味 500mL	217	
6	农夫山泉饮用天然水 380mL	194	
7	尖叫纤维饮料 550mL	189	
8	农夫果园 30%混合果蔬芒果味 500mL	174	
9	农夫果园 100%橙汁 380mL	169	
10	尖叫活性肽运动饮料 550mL	163	
11	农夫果园 100%番茄汁 380mL	139	
12	农夫山泉饮用天然水 4L	128	
13	尖叫植物饮料 550mL	124	
14	农夫果园 100%胡萝卜汁 380mL	117	
15	农夫果园 30%混合果蔬番茄味 1.5L	80	
16	农夫果园 30%混合果蔬芒果味 1.5L	76	
17	农夫山泉饮用天然水 5L	58	
18	水溶 C100 西柚味 445mL	54	
19	水溶 C100 青皮桔味 445mL	40	
20	农夫果园 30%混合果蔬橙味 500mL	31	
21	农夫山泉饮用天然水 1.5L	27	
	总计	3443	

步骤三 统计出库量累计百分比

统计完品种累计百分比后，再统计出库量累计百分比。

操作步骤1：确定出库量累计百分比计算公式。

根据所学知识，可得出库量累计百分比计算公式为：_____。

操作步骤2：计算具体货物的出库量累计百分比，以"水溶C100柠檬味445mL"为例，计算其出库量累计百分比为：_____。

操作步骤3：按照同样的方法，计算出所有货物的出库量累计百分比，填制下表。

表2-2-6 统计出库量累计百分比

序号	货物名称	出库量（箱）	品种累计百分比（%）	出库量累计百分比（%）
1	水溶C100柠檬味445mL	455		
2	农夫山泉饮用天然水550mL	445		
3	农夫山泉饮用天然水19L	340		
4	农夫果园30%混合果蔬橙味1.5L	223		
5	农夫果园30%混合果蔬番茄味500mL	217		
6	农夫山泉饮用天然水380mL	194		
7	尖叫纤维饮料550mL	189		
8	农夫果园30%混合果蔬芒果味500mL	174		
9	农夫果园100%橙汁380mL	169		
10	尖叫活性肽运动饮料550mL	163		
11	农夫果园100%番茄汁380mL	139		
12	农夫山泉饮用天然水4L	128		
13	尖叫植物饮料550mL	124		
14	农夫果园100%胡萝卜汁380mL	117		
15	农夫果园30%混合果蔬番茄味1.5L	80		
16	农夫果园30%混合果蔬芒果味1.5L	76		
17	农夫山泉饮用天然水5L	58		
18	水溶C100西柚味445mL	54		
19	水溶C100青皮桔味445mL	40		
20	农夫果园30%混合果蔬橙味500mL	31		
21	农夫山泉饮用天然水1.5L	27		
	总计	3443		

步骤四 确定货物的 ABC 分类

1. 确定 ABC 分类依据

结合任务内容以及所学的知识，分析货物 ABC 分类标准为：

2. 确定具体货物 ABC 分类

以货物"水溶 C100 柠檬味 445mL"为例，其出库量累计百分比为＿＿＿＿＿，因此，其 ABC 分类结果为＿＿＿。

3. 完成货物 ABC 分类表填写

按照上述操作，确定各类货物的 ABC 分类结果，填制下表。

表 2-2-7 货物 ABC 分类表

序号	货物名称	出库量（箱）	品种累计百分比（%）	出库量累计百分比（%）	ABC分类
1	水溶 C100 柠檬味 445mL	455			
2	农夫山泉饮用天然水 550mL	445			
3	农夫山泉饮用天然水 19L	340			
4	农夫果园 30%混合果蔬橙味 1.5L	223			
5	农夫果园 30%混合果蔬番茄味 500mL	217			
6	农夫山泉饮用天然水 380mL	194			
7	尖叫纤维饮料 550mL	189			
8	农夫果园 30%混合果蔬芒果味 500mL	174			
9	农夫果园 100%橙汁 380mL	169			
10	尖叫活性肽运动饮料 550mL	163			
11	农夫果园 100%番茄汁 380mL	139			
12	农夫山泉饮用天然水 4L	128			
13	尖叫植物饮料 550mL	124			
14	农夫果园 100%胡萝卜汁 380mL	117			

续表

序号	货物名称	出库量（箱）	品种累计百分比（%）	出库量累计百分比（%）	ABC分类
15	农夫果园 30% 混合果蔬番茄味 1.5L	80			
16	农夫果园 30% 混合果蔬芒果味 1.5L	76			
17	农夫山泉饮用天然水 5L	58			
18	水溶 C100 西柚味 445mL	54			
19	水溶 C100 青皮桔味 445mL	40			
20	农夫果园 30% 混合果蔬橙味 500mL	31			
21	农夫山泉饮用天然水 1.5L	27			
	总计	3443			

 # 任务评价

学生自评表

班级		姓名		学号		
任务名称			ABC 分类			
评价项目（占比）			评价标准		分值	得分
考勤（10%）	无故旷课、迟到、早退（出现一次扣10分）				10	
	请假（出现一次扣2分）					
学习能力（10%）	合作学习能力	小组合作参与程度（优6分，良4分，一般2分，未参与0分）			6	
	个人学习能力	个人自主探究参与程度（优4分，良2分，未参与0分）			4	
工作过程（60%）	ABC 分类发展和标准分析	能准确写出目前 ABC 分类的标准（每错一处扣2分）			10	
	品种累计百分比确定	能结合实际情况计算出品种累计百分比（每错一处扣0.5分）			11	
	出库量累计百分比确定	能结合实际情况计算出出库量累计百分比（每错一处扣1分）			21	
	货物 ABC 分类	能对货物进行正确的 ABC 分类（每错一处扣6分）			18	
工作成果（20%）	成果完成情况	能按规范及要求完成任务环节（未完成一处扣2分）			10	
	成果展示情况	能准确展示货物 ABC 分类结果（失误一次扣5分）			10	
得分					100	

教师评价表

任务名称		ABC 分类					
授课信息							
班级		组别		姓名		学号	
评价项目（占比）		评价标准				分值	得分
考勤（10%）		无故旷课、迟到、早退（出现一次扣 10 分）				10	
		请假（出现一次扣 2 分）					
学习能力（10%）	合作学习能力	小组合作参与程度（优 6 分，良 4 分，一般 2 分，未参与 0 分）				6	
	个人学习能力	个人自主探究参与程度（优 4 分，良 2 分，未参与 0 分）				4	
工作过程（60%）	ABC 分类发展和标准分析	能准确写出目前 ABC 分类的标准（每错一处扣 2 分）				10	
	品种累计百分比确定	能结合实际情况计算出品种累计百分比（每错一处扣 0.5 分）				11	
	出库量累计百分比确定	能结合实际情况计算出出库量累计百分比（每错一处扣 1 分）				21	
	货物 ABC 分类	能对货物进行正确的 ABC 分类（每错一处扣 6 分）				18	
工作成果（20%）	成果完成情况	能按规范及要求完成任务环节（未完成一处扣 2 分）				10	
	成果展示情况	能准确展示货物 ABC 分类结果（失误一次扣 5 分）				10	
得分						100	

任务反思

在完成任务的过程中，遇到了哪些问题，是如何解决的？

知识学习

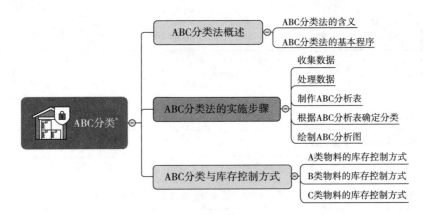

知识图谱

一、ABC 分类法概述

扫一扫：
了解仓储ABC分析

1. ABC 分类法的含义

ABC 分类法又称帕累托分析法或巴雷托分析法、柏拉图分析法、主次因素分析法、ABC 分析法、ABC 法则、分类管理法、重点管理法、ABC 管理法、abc 管理、巴雷特分析法，它是根据事物在技术或经济方面的主要特征，进行分类排队，分清重点和一般，从而有区别地确定管理方式的一种分析方法。由于它把被分析的对象分成 A、B、C 三类，又称 ABC 分析法。

2. ABC 分类法的基本程序

（1）开展分析。这是"区别主次"的过程。它包括以下步骤：

◎ 收集数据。即确定构成某一管理问题的因素，收集相应的特征数据。以库存控制涉及的各种物资为例，若拟对库存物品的销售额进行分析，则应收集年销售量、物品单价等数据。

◎ 计算整理。即对收集的数据进行加工，并按要求进行计算，包括计算特征值，特征值占总计特征值的百分数，累计百分数；因素数目及其占总因素数目的百分数，累计百分数。

◎ 根据一定分类标准，进行 ABC 分类，列出 ABC 分析表。各类因素的划分标准并无严格规定，习惯上常把主要特征值的累计百分数达 70% ~ 80% 的若干因素称为 A 类，累计百分数在 10% ~ 20% 的若干因素称为 B 类，累计百分数在 10% 左右的若干因素称 C 类。

◎ 绘制 ABC 分析图。以因素累计百分数为横坐标，主要特征值累计百分数为纵坐标，按 ABC 分析表所列示的对应关系，在坐标图上取点，并连接各点成曲线，即绘制成 ABC 分析图。除利用直角坐标绘制曲线图外，还可绘制成直方图。

（2）实施对策。这是"分类管理"的过程。根据 ABC 分类结果，权衡管理力量和经济效果，制定 ABC 分类管理标准表，对三类对象进行有区别的管理。

商品 ABC 分类
步骤及示例

案例分析 扫描查看商品 ABC 分类步骤及示例，理解实施 ABC 分类法的意义。

二、ABC 分类法的实施步骤

1. 收集数据

根据分析要求、分析内容，收集分析对象的有关数据。例如，要对库存商品占用资金的情况进行分析，则可以收集各类库存商品的进库单位、数量、在库平均时间等，以便了解哪几类商品占用的资金较多，分类重点管理。

2. 处理数据

对收集来的数据资料进行整理，按要求计算和汇总。

3. 制作 ABC 分析表

ABC 分析表栏目构成如下：第一栏为物品名称；第二栏为品目数累计，即每种物品皆为一个品目数，品目数累计实际就是序号；第三栏为累计品目百分数，即累计品目数对总品目数的百分比；第四栏为物品单价；第五栏为平均库存；第六栏为第四栏单价乘第五栏平均库存，即各种物品平均资金占用额；第七栏为平均资金占用额累计；第八栏为平均资金占用额累计百分数；第九栏为分类结果。

制表按下述步骤进行：将已求算出的平均资金占用额，以大排队方式，由高至低填入表中第六栏。以此栏为准，将相应物品名称填入第一栏、物品单价填入第四栏、平均库存填入第五栏、在第二栏中按 1，2，3，4，…编号，则为品目累计。此后，计算累计品目百分数，填入第三栏；计算平均资金占用额累计，填入第七栏；计算平均资金占用额累计百分数，填入第八栏。

4. 根据 ABC 分析表确定分类

根据 ABC 分析表，观察第三栏累计品目百分数和第八栏平均资金占用额累计百分数，将累计品目百分数为 5%~15%，而平均资金占用额累计百分数为 60%~80% 的前几个物品，确定为 A 类；将累计品目百分数为 20%~30%，而平均资金占用额累计百分数也为 20%~30% 的物品，确定为 B 类；其余为 C 类，C 类情况与 A 类正相反，其累计品目百分数为 60%~80%，而平均资金占用额累计百分数仅为 5%~15%。

5. 绘 ABC 分析图

以累计品目百分数为横坐标，以累计资金占用额百分数为纵坐标，根据 ABC 分析表第三栏和第八栏所提供的数据，在坐标图上取点，并连接各点曲线，即绘成 ABC 曲线。

思考讨论　　绘制 ABC 分析图，可以采用哪些方法？

案例分析　　扫描查看商品 ABC 分类——Excel 应用示范。

商品 ABC 分类——
Excel 应用示范

三、ABC 分类与库存控制方式

1. A 类物料的库存控制方式

A 类物料是库存控制的重点，具有品种较少，价格较高，并且多为生产（经营）关键、常用物料。对 A 类物料一般采用连续控制方式，随时检查库存情况，一旦库存量下降至一定水平（订货点），就要及时订货。A 类物料一般采用定期订货，每次订货量以补充目标库存水平为限。

2. B 类物料的库存控制方式

B 类物料的库存控制方式，介于 A 类物料和 C 类物料之间，可采用一般（或定期）控制方式，并按经济订货批量进行订货。

3. C 类物料的库存控制方式

C 类物料由于库存品种多，价值低或年需用量较少，可按其库存总金额控制库存水平。对于 C 类物料一般采用比较粗放的定量控制方式，可以采用较大的订货批量或经济订货批量进行订货。

Project **Three**

项目三　体验入库作业

任务一　入库作业准备

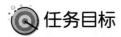 **任务目标**

通过本任务的学习，可以达成以下目标：

知识目标	1. 熟悉堆码方式 2. 掌握货物组托示意图绘制方法和组托货物数量计算 3. 掌握入库作业计划表制作
技能目标	1. 能够选择合适的堆码方式进行货物组托 2. 能够绘制组托示意图并准确计算组托货物数量 3. 能够准确填写入库计划表
思政目标	具备认真细致的工作态度及较强的入库理货能力

 任务发布

广西现代物流有限公司（以下简称现代物流公司）成立于 2022 年 4 月，是南宁市一家主营仓储、配送的单一性质的第三方物流公司，致力于为客户提供及时、准确的优质服务。现代物流公司所用仓库为普通的常温库，所用车辆为普通的厢式货车，为客户提供仓储、配送等相关物流业务。

要求以现代物流公司的日常业务为背景，结合客户具体要求和企业管理制度，模拟完成 2022 年 6 月 21 日当天的入库作业任务，编制入库验收单、确定入库组托的方式和数量、编制入库作业计划表。公司每天的工作时间为 8：00~17：30。

其入库信息见表 3-1-1~表 3-1-3。

1. 入库通知单

表 3-1-1　入库通知单

客户名称：贸易公司　　　　　　　　　　入库库房：现代物流公司仓库
入库通知单号：20220621R01　　　　　　预计入库时间：2022.06.21　8：00

序号	货物名称	数量（箱）	重量（kg）	包装尺寸（mm×mm×mm）	生产日期
1	水溶 C100 西柚味 445mL	56	15.4	330×250×300	20220413
2	农夫果园 30%混合果蔬芒果味 500mL	64	15.6	330×210×300	20220511
3	思念黑芝麻汤圆	20	25.5	600×500×500	20220527

2. 整箱货物基本信息

表 3-1-2 整箱货物基本信息

序号	货物名称	长×宽×高（mm×mm×mm）	单箱重量（kg）	箱装数（瓶/袋）	保质期（天）	允收期（天）
1	水溶 C100 西柚味 445mL	330×250×300	15.4	12	270	70
2	农夫果园 30% 混合果蔬芒果味 500mL	330×210×300	15.6	12	180	40
3	思念黑芝麻汤圆	330×210×300	15.6	12	180	40

3. 托盘和货架尺寸

表 3-1-3 托盘和货架尺寸

名称	规格要求	数量
托盘货架	横梁式，1 排 10 列 3 层货位，每层的单货位承重均≤500kg 货架规格 L2450mm×T1100mm×H1140mm	若干组
托盘	1200mm×1000mm×150mm PVC 托盘重 20kg/个	一批
作业净空	大于等于 160mm	

📖 任务引导

引导问题 1 仓库收到的入库通知单中有哪些货物是无法入库的？尝试举例说明。

....

....

....

....

....

引导问题 2 常见的堆码方式有哪些？

....

....

....

....

....

....

引导问题 3 如何对入库货物进行组托？

📋 任务工单

入库作业准备工作任务工单如表 3-1-4 所示。

表 3-1-4 入库作业准备工作任务工单

任务名称：	
组长：	组员：
任务分工：	
方法、工具：	
任务步骤：	

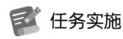 **任务实施**

步骤一 确定有效入库货物，填写入库验收单

1. 判定入库通知单的有效性

信息员根据公司业务情况，结合当天入库通知单，确定有效入库通知单。结合所学知识，梳理出无效入库通知单的几种常见情况：

◎ 入库通知单的发出时间不在公司营业工作时间内。

◎ 入库通知单中入库货物不在该公司业务范围内。例如，现代物流公司经营的是普通货物，入库货物中如果包含冷冻品、易燃易爆品等，则无法入库。

◎ 入库通知单上的客户地址，不在公司经营派送区域内。

◎ 入库通知单的客户，不属于公司客户。

◎ 入库通知单的货物超出允收期。

结合任务具体信息，信息员判定该入库通知单的有效性为：水溶 C100 西柚味 445mL 可入库；其他两种货物不能入库。

2. 填写入库验收单

（1）识别入库验收单。

一般来说，入库验收单需要包含的核心信息包括____、____、____、____、____、____、____。

（2）填写入库验收单。

1）确定货物基础信息：从任务信息可得货物名称分别为____、____、____ 三种，其数量分别为____、____、____。

2）确定货物允收期、生产日期以及入库日期：从任务信息可知货物允收期为____，生产日期为____，入库日期为____。

3）基于前两步的分析，填制表 3-1-5。

表 3-1-5 入库验收单

序号	货物名称	数量（箱）	允收期	生产日期	入库日期	是否入库	不入库原因

步骤二 确定入库货物组托方式和数量

1. 填写入库货位组托基本信息

结合货架区规格、托盘规格以及货物规格，通过分析入库通知单，填写入库货位组托的基本信息（见表3-1-6）。

表 3-1-6 入库货位组托基本信息

货物名称	入库数量（箱）	包装尺寸（mm×mm×mm）	托盘规格（mm×mm×mm）	货架层高（mm）	作业净空高（mm）	重量（箱）	货位承重（kg）	托盘重量（kg）

2. 绘制组托示意图

分析货物组托数量计算方法。结合所学知识，可知货物组托数量计算公式为：

结合货物包装尺寸和托盘规格（见表3-1-7）绘制当日入库货物的组托示意图，并计算整托货物每层的数量。画出堆码的奇数层俯视图，并在图上标出托盘和纸箱的长、宽尺寸，以毫米为单位（绘制比例按照1∶100缩小）。

表 3-1-7 入库通知单

货物名称	包装尺寸（mm×mm×mm）	托盘规格（mm×mm×mm）	堆码方式	每层数量（箱）

3. 计算整托货物层数

（1）计算货物层数。

货物层数=(货架层高-托盘高度-作业净空高)/货物箱高

入库货物每层_____箱，堆码层数_____层，总计整托堆码数量为_____箱。

（2）填制表格。根据计算的结果，填制表3-1-8。

表 3-1-8　整托货物基本信息

货物名称	货架层高（mm）	托盘高度（mm）	作业净空高（mm）	货物箱高（mm）	整托货物层数

4. 根据货物重量计算整托

（1）整托堆码数量计算公式。

整托堆码数量=(货位承重-托盘重量)/每箱货物重量

（2）计算整托堆码数量。整托堆码数量为：_____。

（3）完成表格填制。根据计算的结果，完成表3-1-9。

表 3-1-9　托盘和货架尺寸

货物名称	货位承重（kg）	托盘重量（kg）	每箱货物重量（kg）	整托堆码数量

5. 确定堆码数量

计算整托货物体积的堆码箱数_____箱，计算整托货物重量的堆码箱数_____箱，则实际堆码箱数为_____箱。

步骤三　编制入库作业计划表

编制如表3-1-10所示的入库作业计划表。

表 3-1-10　入库作业计划表

序号	货物名称	入库数量（箱）	每层数量（箱）	堆码层数	整托堆码箱数（按体积计算）	整托堆码箱数（按重量计算）	实际整托堆码箱数

 任务评价

学生自评表

班级		姓名		学号		
任务名称			入库作业准备			
评价项目（占比）		评价标准			分值	得分
考勤（10%）	无故旷课、迟到、早退（出现一次扣10分）				10	
	请假（出现一次扣2分）					
学习能力（10%）	合作学习能力	小组合作参与程度（优6分，良4分，一般2分，未参与0分）			6	
	个人学习能力	个人自主探究参与程度（优4分，良2分，未参与0分）			4	
工作过程（60%）	确定有效入库货物，填写入库验收单	能判断入库货物是否有效并准确填写入库验收单（每错一处扣2分）			10	
	确定组托的方式和数量	能准确分析并填写入库基本信息（每错一处扣2分）			10	
		能准确绘制组托示意图并计算每层货物数量（每错一处扣1分）			6	
		能结合货架层高、托盘高度、作业净空高以及货物高度计算出堆码层数（每错一处扣5分）			5	
		能结合货位承重计算出组托货物数量（每错一处扣5分）			5	
		能结合货物的体积和重量比较出实际组托数量（每错一处扣6分）			12	
	编制入库作业计划表	能准确编制入库作业计划表（每错一处扣6分）			12	
工作成果（20%）	成果完成情况	能按规范及要求完成任务环节（未完成一处扣2分）			10	
	成果展示情况	能准确完成入库验收和货物堆码（失误一次扣5分）			10	
得分					100	

教师评价表

任务名称			入库作业准备			
授课信息						
班级		组别		姓名	学号	
评价项目（占比）			评价标准		分值	得分
考勤（10%）	无故旷课、迟到、早退（出现一次扣10分）				10	
	请假（出现一次扣2分）					
学习能力（10%）	合作学习能力		小组合作参与程度（优6分，良4分，一般2分，未参与0分）		6	
	个人学习能力		个人自主探究参与程度（优4分，良2分，未参与0分）		4	
工作过程（60%）	确定有效入库货物，填写入库验收单		能判断入库货物是否有效并准确填写入库验收单（每错一处扣2分）		10	
	确定组托的方式和数量		能准确分析并填写入库基本信息（每错一处扣2分）		10	
			能准确绘制组托示意图并计算每层货物数量（每错一处扣1分）		6	
			能结合货架层高、托盘高度、作业净空高以及货物高度计算出堆码层数（每错一处扣5分）		5	
			能结合货位承重计算出组托货物数量（每错一处扣5分）		5	
			能结合货物的体积和重量比较出实际组托数量（每错一处扣6分）		12	
	编制入库作业计划表		能准确编制入库作业计划表（每错一处扣6分）		12	
工作成果（20%）	成果完成情况		能按规范及要求完成任务环节（未完成一处扣2分）		10	
	成果展示情况		能准确完成入库验收和货物堆码（失误一次扣5分）		10	
得分					100	

？ 任务反思

在完成任务的过程中，遇到了哪些问题，是如何解决的？

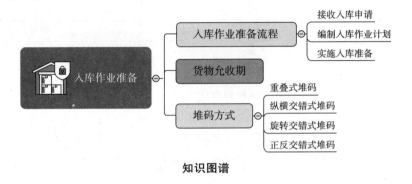

知识图谱

一、入库作业准备流程

入库作业准备主要包括三大环节，即接收入库申请、制订入库计划和实施入库准备（见图 3-1-1）。

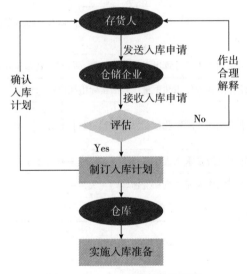

图 3-1-1　入库作业准备流程

1. 接收入库申请

入库申请是存货人（供货商）对仓储服务产生需求，并向仓储企业发出需求通知。入库申请是生成入库作业计划的基础和依据。

入库通知单的基本内容主要包括编号、日期、订单号、供应商、存货人、物品编号、物品名称、物品属性、物品入库件数、物品入库重量、包装材质及规格、存放地点等信息。

2. 编制入库作业计划

（1）入库作业计划的内容。入库作业计划是存货人发货和仓库部门进行入库前准备的依据。入库作业计划主要包括了解货物入库的时间、数量、包装形式、规格，计划货物所需占用仓容的大小，预测车辆到达时间及送货车型，计划车辆停靠位置，计划货物临时停放地点，确定入库作业相关部门等内容。

（2）制订入库作业计划的目的。

◎ 明确入库货物。了解入库货物的品种、规格，数量、包装状态、单件体积，到库确切时间、存期、理化特性以及保管要求等。

◎ 了解仓库在入库、保管期间的库容、设备以及人员。

◎ 依据货物情况、工作人员情况、仓库情况以及设备情况制定并下达仓储作业指令。

◎ 妥善安排货位。根据货物性能、数量、类别结合仓库分区分类报关的要求，核算货位大小；根据货位使用原则，确定验收场地，妥善安排货位，确定苫垫方案、堆垛方法等。

◎ 做好货位准备。主要工作内容包括清洁货位、清除残留物、清理排水管道、消毒除虫铺地并检查照明、通风等设备。

◎ 准备苫垫材料、作业用具。根据所确定的苫垫方案准备相应的材料及所需用具，组织衬垫、铺设作业。

◎ 确定验收方法，准备验收所需的工具及用具，用于点数、称量、测试、开箱装箱、丈量以及移动照明等。

◎ 填制报表、单证、记录簿。包括入库记录、理货检验单、料卡以及残损单等。

3. 实施入库准备

入库准备主要包括货位准备，苫垫材料准备，验收及装卸、搬运设备准备。

（1）货位准备。根据预计到货物品的特性、体积、质量、数量和到货时间等信息，结合物品分区、分类和货位管理的要求，预计货位，预先确定物品的拣货场所和储存位置。

在货架库中，决定计划入库物品存储位置的关键因素是物动量物品分类的结果：低物动量物品应该选择上层货位，中物动量物品应该选择中间层货位，高物动量物品应该选择首层货位（见图3-1-2）。

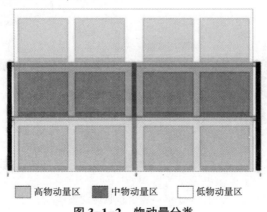

高物动量区　中物动量区　低物动量区

图 3-1-2　物动量分类

为保证计划入库物品能够顺利入库，仓管人员应在入库前准备出足够的货位和上架所需的托盘。

在计算所需货位及托盘数量时应考虑以下因素：

➢ 计划入库的物品种类及包装规格

➢ 货架货位的设计规格

➢ 所需托盘规格

➢ 叉车作业要求

➢ 作业人员的熟练程度与技巧

货架库入位与平置库入位不同的地方还包括对货位净高的要求，以及叉车作业空间的预留，一般预留空间≥90毫米。

（2）苫垫材料准备。苫垫材料应根据货位位置和到货物品特性进行合理的选择，以满足防雨、防潮、防尘、防晒等要求。

（3）验收及装卸、搬运设备的准备。准备验收所需要的计件、检斤、测试、开箱、装箱、丈量、移动照明等辅助设备和验收设备（见图3-1-3、图3-1-4）。根据到货物品的特性、货位、设备条件、人员等情况，科学合理地制定卸车搬运工艺，备好相关作业设备，安排好卸货站台或场地，保证装卸搬运作业效率。

图 3-1-3　货物验收辅助设备

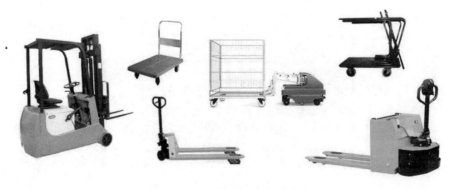

图 3-1-4　货物验收作业设备

二、货物允收期

一般货物允收期为确保货品重量、提高服务水平设定的货品允收期，即指货品允许收货的期限，也就是货品生产日期距收货验收时间之差，未超过此期限，方可收货。

以下是几类商品的允收期：

➢ 保质期 16 天以上的，允收期为保质期的 50%

➢ 保质期 8 天以上 15 天以下，允收期为生产日期后 3~4 天

➢ 保质期少于 7 天的，允收期为生产日期后 2~3 天

➢ 蔬菜、水果、鲜肉等无明确保质期的初级农产品由食品经营者按照保持品质的原则自行确定保质期，并依照前款规定确定允收期。

三、堆码方式

托盘作为一种常用的货品堆放设备，在摆放同一形状的立体包装货品时，可以采用多种交错组合的办法进行堆码，以保证货品的稳定。常用的托盘堆码方式有重叠式堆码、纵横交错式堆码、旋转交错式堆码和正反交错式堆码四种方式，每种堆码方式具体见表 3-1-11。

表 3-1-11　常用托盘堆码方式

堆码方式	示意图	特点	适用范围
重叠式		含义：各层码放方式相同，上下对应，层与层之间不交错堆码 优点：操作简单，工人操作速度快，包装物四个角和边重叠垂直，承压能力大 缺点：层与层之间缺少咬合，稳定性差，容易发生塌垛	在货品底面积较大情况下，比较适合自动装盘操作
纵横交错式		相邻两层货品的摆放旋转 90°，一层为横向摆放，另一层为纵向摆放，层次之间交错堆码 优点：操作相对简单，层次之间有一定的咬合效果，稳定性比重叠式好 缺点：咬合强度不够，稳定性不够好	比较适合自动装盘堆码操作
旋转交错式		含义：第一层相邻的两个包装体都互为 90°，两层之间的堆码相差 180° 优点：相邻两层之间咬合交叉，托盘货品稳定性较高，不容易塌垛 缺点：堆码难度大，中间形成空穴，降低托盘承载能力	通常适用于硬质长箱等物资的堆码

续表

堆码方式	示意图	特点	适用范围
正反交错式		同一层中，不同列货品以 90°垂直码放，相邻两层货物码放形式旋转 180° 优点：该堆码方式不同层间咬合强度较高，相邻层次之间不重逢，稳定性较高 缺点：操作较麻烦，人工操作速度慢	适用于需要大容量存储的场合，如服务器；适用于需要高速读写的场合，如高性能计算机等；适用于对存储量和读写速度有较高要求的应用场景

知识拓展

扫描二维码，查看"五五化堆码"方式，思考其与常见的堆码方式有哪些不同之处。

五五化堆码

任务二　入库作业操作

任务目标

通过本任务的学习，可以达成以下目标：

知识目标	1. 掌握入库作业操作流程 2. 掌握入库作业操作各环节基本内容
技能目标	能正确操作入库订单、货物验收、理货、搬运及上架操作
思政目标	具备认真细致的工作态度，团结协作的精神，作业的安全操作

任务发布

要求以现代物流公司的日常业务为背景，根据入库通知单，信息员在仓储管理系统中生成作业计划，下达入库指令，打印入库单，并交接到仓库后，由仓库作业人员完成这批货物的验收、理货、搬运、上架等作业，完成 2022 年 6 月 21 日当天的入库作业操作。

任务引导

引导问题 1　你知道货物入库操作流程有哪些吗？尝试举例说明。

引导问题 2　你认为在入库作业过程中会使用哪些作业区域？尝试举例说明。

引导问题 3 你认为在入库作业过程中会有哪些岗位的人员相互配合？尝试举例说明。

引导问题 4 你认为在入库作业过程中信息员、仓管员和叉车司机的工作内容是什么？尝试举例说明。

📋 任务工单

入库作业操作任务工单如表 3-2-1 所示。

表 3-2-1　入库作业操作任务工单

任务名称：	
组长：	组员：
任务分工：	
方法、工具：	
任务步骤：	

任务实施

步骤一　入库计划

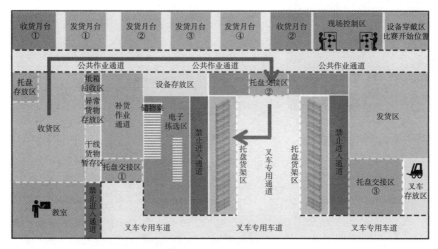

图 3-2-1　仓库布局图例

仓管员在入库计划中，要确定＿＿＿＿＿＿＿、＿＿＿＿＿＿＿＿、＿＿＿＿＿＿＿＿以及＿＿＿＿＿＿＿。

步骤二　入库准备

入库作业操作前我们需要准备什么？

步骤三　入库信息处理

入库通知单

客户名称：贸易公司　　　　　　　　入库库房：现代物流公司仓库

入库通知单号：20220621R01　　　　预计入库时间：2022.06.21 8:00

序号	货物名称	数量（箱）	重量（kg）	包装尺寸（mm×mm×mm）	生产日期
1	水溶C100西柚味445ml	56	15.4	330×250×300	20220413
2	农夫果园30%混合果蔬芒果味500ml	64	15.6	330×210×300	20220511
3	思念黑芝麻汤圆	20	25.5	600×500×500	20220527

由谁来进行入库信息处理？入库单包含哪些内容？

步骤四　入库验收

货物入库前，货物存在 ＿＿＿＿＿＿＿＿＿＿ 区域。由 ＿＿＿＿＿＿＿＿＿＿ 对货物的 ＿＿＿＿＿＿、＿＿＿＿＿＿＿＿ 和 ＿＿＿＿＿＿＿＿ 进行核对验收，并对问题货物进行差异处理，放置在 ＿＿＿＿＿＿＿＿＿＿＿。

步骤五　入库理货

在入库理货的过程中，_____需要结合_____规格、_____规格、_____规格以及_____，按照适合的_____方式对货物进行堆码。仓管员理货完毕，使用_____设备把货物拉到货物交接区，等待货物入库上架存储。

步骤六　入库存储

叉车司机所在区域是_____，托盘货架区存储的是_____类型的货物。叉车司机正在确认货物上架储位。

步骤七　入库上架

叉车司机按照叉车操作八步法进行上架作业，从_____区取货，到_____卸货。

 任务评价

学生自评表

班级		姓名		学号		
任务名称		入库作业操作				
评价项目 （占比）		评价标准			分值	得分
考勤 （10%）		无故旷课、迟到、早退（出现一次扣10分）			10	
		请假（出现一次扣2分）				
学习能力 （10%）	合作学习能力	小组合作参与程度（优6分，良4分，一般2分，未参与0分）			6	
	个人学习能力	个人自主探究参与程度（优4分，良2分，未参与0分）			4	
工作过程 （60%）	信息员录入和 打印订单	仓储订单未打印并提交或提交错误（每错一处扣2分）			10	
	仓管员入库 理货和验收	入库单未打印并交仓管员，就开始收货和验货（每错一处扣2分）			10	
		入库单没有签字和交单，就将货品搬出收货区（每错一处扣1分）			6	
		提交的入库单未备注实际收货数量（每错一处扣5分）			5	
		提交的入库单未备注非正常货品（每错一处扣5分）			5	
	叉车司机 入库上架	未完成货品的入库上架（包括返库）（每错一处扣4分）			12	
		入库上架储位选错（每错一处扣6分）			12	
工作成果 （20%）	成果完成情况	能按规范及要求完成任务环节（未完成一处扣2分）			10	
	成果展示情况	能准确完成入库操作实训任务（失误一次扣5分）			10	
得分					100	

教师评价表

任务名称			入库作业操作				
授课信息							
班级		组别		姓名		学号	
评价项目（占比）		评价标准				分值	得分
考勤（10%）		无故旷课、迟到、早退（出现一次扣10分）				10	
		请假（出现一次扣2分）					
学习能力（10%）	合作学习能力	小组合作参与程度（优6分，良4分，一般2分，未参与0分）				6	
	个人学习能力	个人自主探究参与程度（优4分，良2分，未参与0分）				4	
工作过程（60%）	信息员录入和打印订单	仓储订单未打印并提交或提交错误（每错一处扣2分）				10	
	仓管员入库理货和验收	入库单未打印并交仓管员，就开始收货和验货（每错一处扣2分）				10	
		入库单没有签字和交单，就将货品搬出收货区（每错一处扣1分）				6	
		提交的入库单未备注实际收货数量（每错一处扣5分）				5	
		提交的入库单未备注非正常货品（每错一处扣5分）				5	
	叉车司机入库上架	未完成货品的入库上架（包括返库）（每错一处扣4分）				12	
		入库上架储位选错（每错一处扣6分）				12	
工作成果（20%）	成果完成情况	能按规范及要求完成任务环节（未完成一处扣2分）				10	
	成果展示情况	能准确完成入库操作实训任务（失误一次扣5分）				10	
得分						100	

🕵 任务反思

在完成任务的过程中，应该注意哪些入库作业操作安全？

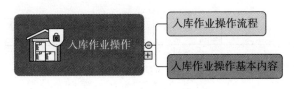

知识学习

知识图谱

一、入库作业操作流程

入库作业操作流程如图 3-2-2 所示。

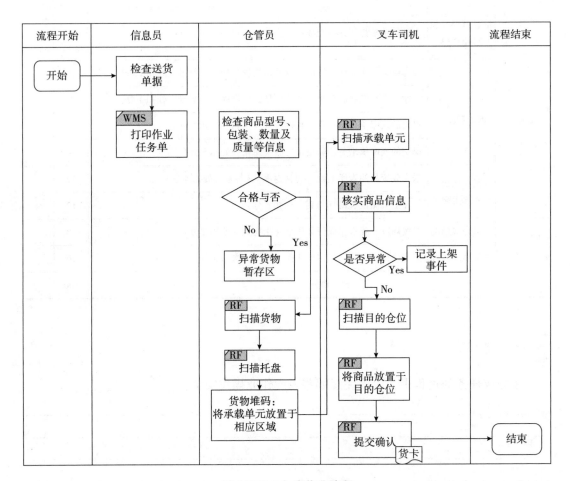

图 3-2-2　入库作业流程

二、入库作业操作基本内容

1. 仓管员在进行入库作业操作前，要制订货物接运计划，确定库房，确定作业区域和作业行走动线。

2. 入库作业操作时作业人员要穿戴好安全帽、安全防护服，检查设备是否能够正常运行，核对单证是否有误。

3. 信息员进行信息的处理。录入入库单，包括商品的名称、数量、规格、批次、库房编号、供应商、紧急程度等信息内容。

4. 货物入库前，货物存在收货区域。由仓管员对货物的数量、质量和单据进行核对验收，并对问题货物进行差异处理，放置在货物异常存放区。

5. 在入库理货的过程中，仓管员需要结合货架规格、托盘规格、货物规格以及作业净空高等，按照适合的堆码方式对货物进行堆码。仓管员理货完毕，使用手动液压叉车设备把货物拉到货物交接区，等待货物入库上架存储。

6. 叉车司机在托盘交接区，把需要存储的托盘中的整箱货物搬运至托盘货架区。叉车司机确认货物上架储位后对货物进行存储。

7. 叉车司机按照八步法进行上架作业，从托盘交接区区域取货，到托盘货架区货物存储储位卸货。

 扫码查看入库作业流程。
入库作业流程

 扫码查看叉车操作安全规范。
叉车操作安全规范

 扫描二维码查看 RFID 手持终端使用——入库作业。
RFID 手持终端
使用——入库作业

Project **Four**

项目四　体验出库作业

任务一 出库作业准备

🎯 任务目标

通过本任务的学习，可以达成以下目标：

知识目标	1. 熟悉仓库的出库货物拣选原则 2. 掌握货物出库的拣选方式 3. 掌握仓库货物出库的拣选单制作方法 4. 掌握货物出库装车点检单
技能目标	1. 能选用恰当的货物拣选方式 2. 能制作货物出库拣选单 3. 能制作出库装车点检单
思政目标	具备认真细致的工作态度及较强的规划能力

📖 任务发布

广西现代物流有限公司（以下简称现代物流公司）成立于2022年4月，是南宁市一家主营仓储、配送的单一性质的第三方物流公司，致力于为客户提供及时、准确的优质服务。现代物流所用仓库为普通的常温库，所用车辆为普通的厢式货车，为客户提供仓储、配送等相关物流业务。

要求以现代物流公司的日常业务为背景，结合客户具体要求和企业管理制度，模拟完成2022年6月21日当天的出库作业任务，选取恰当的货物拣选方式，制作货物拣选单和货物装车点检单。公司每天的工作时间为8：00~17：30。

其出库通知单见表4-1-1~表4-1-4。

表4-1-1 出库通知单1

发货库房：现代物流公司仓库　　　　客户名称：盒马鲜生
收货单位：盒马鲜生仓库　　　　　　订单发出时间：2022.06.21 10：00
出库通知单号：20220621C01

序号	货物名称	数量	单位	备注
1	尖叫活性肽运动饮料 550mL	10	箱	

续表

序号	货物名称	数量	单位	备注
2	尖叫纤维饮料 550mL	12	箱	
3	尖叫植物饮料 550mL	10	箱	
4	农夫果园 30%混合果蔬芒果味 500mL	3	箱	
5	农夫山泉饮用天然水 5L	2	箱	
6	水溶 C100 青皮桔味 445mL	3	箱	
7	农夫山泉饮用天然水 380mL	5	瓶	
8	农夫山泉饮用天然水 550mL	2	瓶	
9	农夫山泉饮用天然水 1.5L	4	瓶	
10	农夫山泉饮用天然水 4L	4	桶	

表 4-1-2　出库通知单 2

发货库房：现代物流公司仓库　　　　　客户名称：大润发
收货单位：大润发仓库　　　　　　　　订单发出时间：2022.06.21　10：00
出库通知单号：20220621C02

序号	货物名称	数量	单位	备注
1	思念黑芝麻汤圆	10	箱	
2	思念花生汤圆	10	箱	
3	思念黑芝麻汤圆	4	袋	
4	思念花生汤圆	4	袋	

表 4-1-3　出库通知单 3

发货库房：现代物流公司仓库　　　　　客户名称：华润苏果
收货单位：华润苏果仓库　　　　　　　订单发出时间：2022.06.21　10：00
出库通知单号：20220621C03

序号	货物名称	数量	单位	备注
1	农夫果园 100%番茄汁 380mL	10	箱	
2	农夫果园 100%胡萝卜汁 380mL	10	箱	
3	农夫果园 30%混合果蔬橙味 500mL	6	箱	
4	农夫果园 30%混合果蔬芒果味 500mL	2	箱	
5	农夫山泉饮用天然水 5L	3	箱	
6	水溶 C100 青皮桔味 445mL	2	箱	
7	农夫山泉饮用天然水 380mL	5	瓶	
8	农夫山泉饮用天然水 550mL	2	瓶	
9	农夫山泉饮用天然水 5L	4	桶	
10	农夫山泉饮用天然水 19L	4	桶	

表 4-1-4　出库通知单 4

发货库房：现代物流公司仓库　　客户名称：家乐福
收货单位：家乐福仓库　　　　　订单发出时间：2022.06.21　10：00
出库通知单号：20220621C04

序号	货物名称	数量	单位	备注
1	尖叫植物饮料 550mL	12	箱	
2	农夫果园 100%橙汁 380mL	10	箱	
3	农夫果园 30%混合果蔬番茄味 1.5L	10	箱	
4	农夫山泉饮用天然水 5L	4	箱	
5	农夫山泉饮用天然水 4L	10	箱	
6	农夫山泉饮用天然水 550mL	10	箱	
7	农夫山泉饮用天然水 380mL	5	瓶	
8	农夫山泉饮用天然水 550mL	2	瓶	
9	农夫山泉饮用天然水 1.5L	4	瓶	
10	农夫山泉饮用天然水 5L	4	桶	

📚 任务引导

引导问题 1　仓库收到的出库订单有哪些是无效的？尝试举例说明。

....
....
....
....

引导问题 2　货物拣选的原则有哪些？

....
....
....
....

引导问题 3　你知道的货物拣选方式有哪些？

....
....
....
....

任务工单

出库作业准备任务工单如表4-1-5所示。

表 4-1-5　出库作业准备任务工单

任务名称:	
组长:	组员:
任务分工:	
方法、工具:	
任务步骤:	

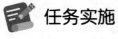 **任务实施**

步骤一　确定有效出库通知单

信息员根据公司业务情况，结合当天出库通知单，确定有效出库通知单。

一般来说，无效的出库通知单，大致有以下几种情况：

步骤二　确定货物拣选方式

仓管员根据当天出库通知单的货物情况，选取恰当的货物拣选方式。

1. 常见拣选方式分析

常见的货物出库拣选方式有摘取式拣选、播种式拣选以及复合拣选。根据所学习的知识，分析每种拣选方式的优缺点及适用范围。

2. 分析出库订单特性，初步确认拣选方式并填制下表

表 4-1-6　拣选方式分析表

拣选方式	优点	缺点	适用范围
摘取式拣选			
播种式拣选			
复合拣选			

结合任务内容可知，在此批出库通知单中，有两种情况：情况一，一种货物，多个客户需要出库，则适合选用＿＿＿拣选方式；情况二，某一种或几种货物，仅有某一个客户需要，则适合＿＿＿＿＿＿，即选用＿＿＿拣选方式。

步骤三　制作货物拣选单

1. 播种式拣选单制作

对于播种式拣选，每种货物制作一张拣选单。例如，尖叫植物饮料 550mL，有 2 个客户需要出库，因此可以进行合单出库，选用播种式拣选方式，制作拣选单。

（1）分析尖叫植物饮料 550mL 的客户名称、出库单号以及拣选数量。从任务信息中可知，需要出库尖叫植物饮料 550mL 的客户名称分别为＿＿＿、＿＿＿＿＿＿＿＿，其具体出库数量为＿＿＿、＿＿＿，单位分别为＿＿＿、＿＿＿，对应的出库单号分别为＿＿＿、＿＿＿。

（2）汇总信息，制定播种式拣选单。结合上一步分析的具体数据，完成播种式拣选单的制定。

表 4-1-7　播种式拣选单

拣货情况	货物名称		拣选货位		拣选数量	
分货情况	客户名称	数量	单位	出库单号		

2. 摘取式拣选单制作

对于摘取式拣选，每个客户制作一张拣选单。例如，尖叫活性肽运动饮料 550mL、尖叫纤维饮料 550mL，只有出库单 20220621C01 需要出库，那么适合选用摘取式拣选方式，制作摘取式拣选单。

（1）确定该出库单的货物名称、拣选单位及拣选数量。根据任务信息可知，出库单 20220621C01 中的尖叫活性肽运动饮料 550mL 的拣选货位为_____、拣选单位为_____、拣选数量为_____，尖叫纤维饮料 550mL 的拣选货位为_____、拣选单位为_____、拣选数量为_____。

（2）汇总信息，制定摘取式拣选单。

表 4-1-8　摘取式拣选单

出库单号：		客户名称	
拣选货位	货物名称	拣选单位	拣选数量

步骤四　制作出库货物装车点检单

所有出库货物出库完成后，在月台集中，等待装车。假设所有的货物都配装到一辆车上，制作装车点检单（当天补发货物不在点检单中列出）。

制作点检单时，一般按照以下的优先顺序：

表 4-1-9　装车点检单

序号	客户名称	货物名称	数量	单位

序号	客户名称	货物名称	数量	单位

任务评价

学生自评表

班级		姓名		学号	
任务名称			出库作业准备		
评价项目 （占比）		评价标准		分值	得分
考勤 （10%）	无故旷课、迟到、早退（出现一次扣10分）			10	
	请假（出现一次扣2分）				
学习能力 （10%）	合作学习能力	小组合作参与程度（优6分，良4分，一般2分，未参与0分）		6	
	个人学习能力	个人自主探究参与程度（优4分，良2分，未参与0分）		4	
工作过程 （60%）	确定有效出库通知单	能判断出库通知单是否有效（每错一处扣2分）		10	
	确定货物拣选方式	能准确分析货物拣选方式（每错一处扣2分）		10	
	填制拣选单	能准确完整填制播种式拣选单（每错一处扣2分）		14	
		能准确完整填制摘取式拣选单（每错一处扣2分）		14	
	制作装车点检单	能准确完整填制装车点检单（每错一处扣2分）		12	
工作成果 （20%）	成果完成情况	能按规范及要求完成任务环节（未完成一处扣2分）		10	
	成果展示情况	能准确展示各种拣选单、装车点检单（失误一次扣5分）		10	
得分				100	

教师评价表

任务名称			出库作业准备					
授课信息								
班级		组别			姓名		学号	
评价项目 （占比）		评价标准					分值	得分
考勤 （10%）	无故旷课、迟到、早退（出现一次扣10分）						10	
	请假（出现一次扣2分）							
学习能力 （10%）	合作学习能力	小组合作参与程度（优6分，良4分，一般2分，未参与0分）					6	
	个人学习能力	个人自主探究参与程度（优4分，良2分，未参与0分）					4	
工作过程 （60%）	确定有效出库 通知单	能判断出库通知单是否有效（每错一处扣2分）					10	
	确定货物拣选方式	能准确分析货物拣选方式（每错一处扣2分）					10	
	填制拣选单	能准确完整填制播种式拣选单（每错一处扣2分）					14	
		能准确完整填制摘取式拣选单（每错一处扣2分）					14	
	制作装车点检单	能准确完整填制装车点检单（每错一处扣2分）					12	
工作成果 （20%）	成果完成情况	能按规范及要求完成任务环节（未完成一处扣2分）					10	
	成果展示情况	能准确展示各种拣选单、装车点检单（失误一次扣5分）					10	
得分							100	

任务反思

在完成任务的过程中，遇到了哪些问题，是如何解决的？

....

....

....

....

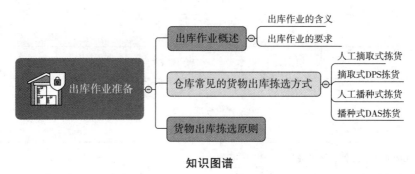

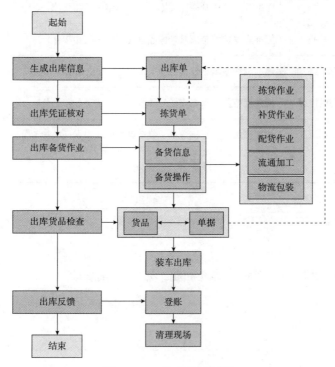

知识图谱

一、出库作业概述

1. 出库作业的含义

出库作业是仓储作业中的一个重要环节，也是仓库作业的最后一个环节。货品出库作业是仓库根据业务部门或存货单位开出的货品出库凭证（提货单、调拨），按其所列货品编号、名称、规格、型号、数量等项目，组织货品出库的一系列工作作业的总称。出库作业操作的要求：所发放的货品必须准确、及时、保质、保量地发给收货单位，包装必须完整、牢固、标记正确且清楚，核对必须仔细。出库作业图例见图 4-1-1。

图 4-1-1　出库作业图例

2. 出库作业的要求

货品出库要做到"三不、三核、五检查"。如图4-1-2所示,"三不",即未接单据不翻账,未经审单不备货,未经复核不出库;"三核",即在发货时,要核对凭证、核对账卡、核对实物;"五检查",即对单据和实物要进行品名检查、规格检查、包装检查、数量检查、重量检查。具体地说,货品出库要求严格执行各项规章制度,杜绝差错事故,以提高服务质量,让用户满意。

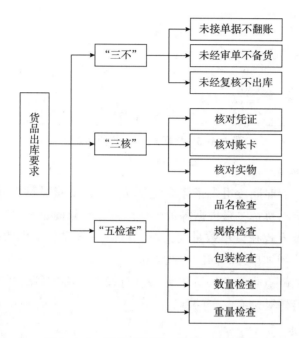

图4-1-2 出库"三不、三核、五检查"

二、仓库常见的货物出库拣选方式

1. 人工摘取式拣货

作业原理:以订单为单位,每张订单拣货一次。

优点:操作方法简单;延迟时间短;拣货人员责任明确,易于评估;拣货后不用再进行分类作业。人工摘取式拣货是比较传统的拣货方式,适用于大数量订单的拣货处理。

缺点:当货品品类较多时,拣货行走路径较长,拣货效率较低;当拣货区域较大时,搬运较困难。

2. 摘取式DPS拣货

作业原理:依靠电子标签系统,对每份订单的货品逐一进行拣选。

与人工摘取式拣货的区别:摘取式DPS拣货过程中信息无纸化传递,拣货员只要根据电子标签系统指示的信息拣选货品。

优点:这种方法更准确、快捷,减小了拣货员的劳动强度。

摘取式 DPS 拣货示意图见图 4-1-3。

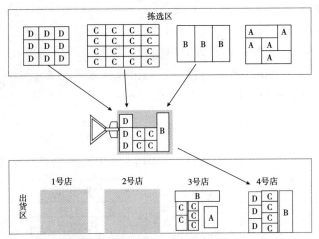

图 4-1-3　摘取式 DPS 拣货示意图

3. 人工播种式拣货

作业原理：把一定时间段里多张订单集合成一批依照货品种类并将货品数量汇总，全部由人工按货品进行拣选，再根据每张客户订单进行分货处理的过程。

优点：这种拣选方式在订单数量庞大时，可以显著提高工作效率，缩短拣选货品时行走搬运的距离，增加单位时间的拣选数量。

缺点：该方式的缺点是对单一订单无法进行操作，必须等订单累积到一定数量才能进行统一处理，订单处理有一定的延迟。

4. 播种式 DAS 拣货

作业原理：播种式 DAS 拣货也是依靠电子标签系统的，根据电子标签系统提示的信息进行拣选货品。

播种式 DAS 拣货示意图见图 4-1-4。

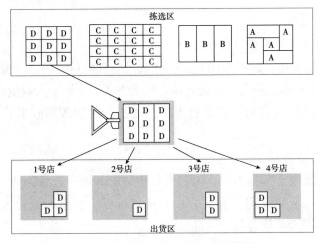

图 4-1-4　播种式 DAS 拣货示意图

播种式 DAS 拣货与摘取式 DPS 拣货的区别：

◎ 摘取式 DPS 电子标签系统对应的是货位，播种式 DAS 电子标签系统对应的是客户或门店。

◎ 摘取式 DPS 拣货按每张订单进行拣货，而播种式 DAS 拣货按照货品类型拣货。

◎ 摘取式 DPS 拣完货后不用再进行分货，播种式 DAS 拣完货后需要依据订单进行分货。

三、货物出库拣选原则

货物出库拣选一般遵循以下原则：

◎ 按出库通知单号顺序拣选。

◎ 一般情况按先进先出原则拣选，特殊情况按客户要求拣选。

◎ 整箱货品优先采用播种式拣选，拆零货品根据电子标签拣选区的特点选取正确的拣选方式。播种式拣选每货品一个拣选单，摘取式拣选每客户一个拣选单。

◎ 若一种货物有多个货位存放，则优先从拣选货位出库，再从储存货位出库。

◎ 单一客户瓶装货物需求优先换算为整箱出库，整箱不足的从散货出库。

◎ 不同货架区分别拣选，全部拣选完成后，再进行合流。

思考讨论 制作拣选单时，需要注意哪些事项？

任务二　出库作业操作

任务目标

通过本任务的学习，可以达成以下目标：

知识目标	1. 熟悉仓库出库作业流程 2. 掌握出库理货方法 3. 掌握物流管理系统的出库制单操作
技能目标	1. 能确定仓库出库作业流程 2. 能制作出库单、拣选单 3. 能进行出库理货
思政目标	具备认真细致的工作态度及较强的规划能力

任务发布

现代物流公司 2022 年 6 月 21 日当天收到 3 张出库通知单。要求登录物流管理信息系统，选取恰当的货物拣选方式，制作出库单、拣选单，并在仓库完成理货、下架、搬运、派送等作业。

其出库通知单见表 4-2-1~表 4-2-3。

表 4-2-1　出库通知单 1

发货库房：现代物流公司仓库　　　　客户名称：沃尔玛
收货单位：沃尔玛仓库　　　　　　　订单发出时间：2022.06.21　10：00
出库通知单号：20220621C01

序号	货物名称	数量	单位	备注
1	尖叫活性肽运动饮料 550mL	10	箱	
2	尖叫纤维饮料 550mL	12	箱	
3	尖叫植物饮料 550mL	10	箱	
4	农夫果园 30%混合果蔬芒果味 500mL	3	箱	
5	农夫山泉饮用天然水 5L	2	箱	
6	水溶 C100 青皮桔味 445mL	3	箱	
7	农夫山泉饮用天然水 380mL	5	瓶	

表 4-2-2　出库通知单 2

发货库房：现代物流公司仓库　　　客户名称：水果天空
收货单位：水果天空仓库　　　　订单发出时间：2022.06.21　10：00
出库通知单号：20220621C02

序号	货物名称	数量	单位	备注
1	农夫果园 100%番茄汁 380mL	10	箱	
2	农夫果园 100%胡萝卜汁 380mL	10	箱	
3	农夫果园 30%混合果蔬橙味 500mL	6	箱	
4	农夫果园 30%混合果蔬芒果味 500mL	2	箱	
5	农夫山泉饮用天然水 5L	3	箱	
6	水溶 C100 青皮桔味 445mL	2	箱	
7	农夫山泉饮用天然水 380mL	5	瓶	
8	农夫山泉饮用天然水 550mL	2	瓶	

表 4-2-3　出库通知单 3

发货库房：现代物流公司仓库　　　客户名称：大润发
收货单位：大润发仓库　　　　订单发出时间：2022.06.21　10：00
出库通知单号：20220621C03

序号	货物名称	数量	单位	备注
1	尖叫植物饮料 550mL	12	箱	
2	农夫果园 100%橙汁 380mL	10	箱	
3	农夫果园 30%混合果蔬番茄味 1.5L	10	箱	
4	农夫山泉饮用天然水 5L	4	箱	
5	农夫山泉饮用天然水 380mL	5	瓶	

 任务引导

引导问题 1　货物出库的主要流程有哪些吗？

引导问题 2　在出库作业中，信息员的主要职责是什么？

任务工单

出库作业任务工单如表4-2-4所示。

表4-2-4　出库作业任务工单

任务名称：	
组长：	组员：
任务分工：	
方法、工具：	
任务步骤：	

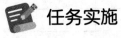 **任务实施**

步骤一　生成出库信息

如何生成出库信息？

步骤二　打印出库单

选择"出库单打印"，选中"出库单"，再单击"打印"按钮完成打印。

步骤三　利用手持终端设备进行下架作业

下架作业如何操作？

在进行货物下架时，有哪些注意事项？

步骤四　利用手持终端进行搬运作业

如何进行搬运作业？

进行货物搬运过程中，为了安全操作，需要注意的事项包括：

步骤五　检查出库货物

仓管员在完成所有货物的理货后，将同一个客户的所有货物进行汇合，包括整箱货物和零散货物，客户沃尔玛、水果天空、大润发的工作人员分别持提货单来核查货物，核查时，仓管员在一旁监督。

客户核查的内容主要包括：

步骤六　单据交接

货物核查完毕后，仓管员将出库单的相应单据给客户方工作人员，要求客户方工作人员在出库单的"收货人"处签字，收货人签字后，仓管员应将签字的出库单妥善保管。

同时，仓管员在客户的提货单上"发货人"处签字。

单据交接完毕后，即可进行货物的出库及装车。

 任务评价

学生自评表

班级		姓名		学号	
任务名称		出库作业操作			
评价项目 （占比）		评价标准		分值	得分
考勤 （10%）		无故旷课、迟到、早退（出现一次扣10分）		10	
		请假（出现一次扣2分）			
学习能力 （10%）	合作学习能力	小组合作参与程度（优6分，良4分，一般2分，未参与0分）		6	
	个人学习能力	个人自主探究参与程度（优4分，良2分，未参与0分）		4	
工作过程 （60%）	出库作业流程	能准确梳理出库业务流程（每错一处扣2分）		10	
	单据制作、 打印	能准确录入出库订单（每错一处扣2分）		10	
		能打印出库订单（每错一处扣1分）		6	
	货物理货、 下架、搬运	能根据手持终端系统提示完成理货、下架（每错一处扣5分）		5	
		能根据手持终端系统提示完成搬运（每错一处扣5分）		5	
	货物核查、 单据交接	能对出库货物进行核查（每错一处扣4分）		12	
		能正确地在单据上签字（每错一处扣6分）		12	
工作成果 （20%）	成果完成情况	能按规范及要求完成任务环节（未完成一处扣2分）		10	
	成果展示情况	能准确流畅完成货物出库（失误一次扣5分）		10	
得分				100	

教师评价表

任务名称				出库作业操作				
授课信息								
班级		组别			姓名		学号	

评价项目（占比）	评价标准		分值	得分
考勤（10%）	无故旷课、迟到、早退（出现一次扣10分）		10	
	请假（出现一次扣2分）			
学习能力（10%）	合作学习能力	小组合作参与程度（优6分，良4分，一般2分，未参与0分）	6	
	个人学习能力	个人自主探究参与程度（优4分，良2分，未参与0分）	4	
工作过程（60%）	出库作业流程	能准确梳理出库业务流程（每错一处扣2分）	10	
	单据制作、打印	能准确录入出库订单（每错一处扣2分）	10	
		能打印出库订单（每错一处扣1分）	6	
	货物理货、下架、搬运	能根据手持终端系统提示完成理货、下架（每错一处扣5分）	5	
		能根据手持终端系统提示完成搬运（每错一处扣5分）	5	
	货物核查、单据交接	能对出库货物进行核查（每错一处扣4分）	12	
		能正确地在单据上签字（每错一处扣6分）	12	
工作成果（20%）	成果完成情况	能按规范及要求完成任务环节（未完成一处扣2分）	10	
	成果展示情况	能准确流畅完成货物出库（失误一次扣5分）	10	
得分			100	

任务反思

在完成任务的过程中遇到了哪些问题，是如何解决的？

知识学习

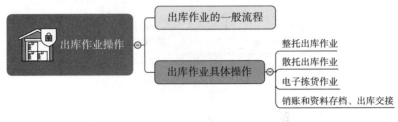

知识图谱

一、出库作业的一般流程

➢ 处理出库订单

➢ 托盘货架区出库作业：整托、散托

➢ 电子拣选区出库作业

➢ 出库交接

二、出库作业具体操作

1. 整托出库作业

（1）计算机操作部分。操作步骤：订单录入→生成作业计划→出库单打印→新增拣选单。

（2）手持操作部分。操作步骤：出库理货→出库下架→搬运作业→出库理货。

2. 散托出库作业

计算机操作步骤：录入出库订单→生成作业计划→出库单打印→新增拣选单。

手持操作步骤：出库理货开始→下架作业→搬运作业→返库上架作业→进行理货→出库理货完成。

3. 电子拣货作业

操作步骤：订单录入→生成作业计划→出库单打印→新增拣选单→手持操作。

4. 销账和资料存档、出库交接

出库验收时，仓管员在出库单的发货联上填写备注，然后在规定位置签字，无须口头汇报，直接将送货联交给接货人员，其他联留存。

思考讨论 出库作业操作时，需要注意哪些事项？

Project **Five**

项目五 **体验在库作业**

任务一　出库前的在库作业——储位编码

任务目标

通过本任务的学习，可以达成以下目标：

知识目标	1. 熟悉储位管理的作业流程 2. 掌握储位规划的规则 3. 掌握储位编号的方法
技能目标	1. 能正确识别仓库储位 2. 能根据要求编制仓库储位编码
思政目标	具备认真细致、实事求是的工作态度

任务发布

　　现代物流公司拟在 A 园区建设一个物流中心，该物流中心主要开展除易燃易爆危险品、有毒物品、生鲜货品之外的普通商品的存储、保管、装卸搬运、长途干线运输、市内配送、物流信息处理等业务，商品种类不多，存货量不大，存储时间灵活。所用仓库为普通的常温库。现在，需要根据物流中心的运作需求，对 A 仓库进行储位编码。货架信息如图 5-1-1 所示。

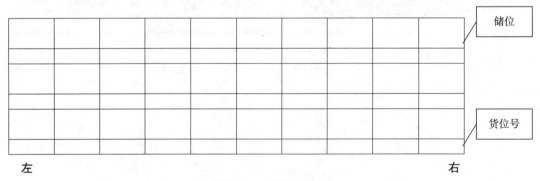

图 5-1-1　货架示意图

　　请根据给出的信息，运用合适的编码方法对仓库中托盘货架 A 区的四排货架进行货位号编码。

📚 任务引导

引导问题 1　在仓库中，你见过哪些仓库编码？尝试举例说明。

引导问题 2　你认为合格的仓库编码应该具备什么特征？

📋 任务工单

储位编码实施任务工单如表 5-1-1 所示。

表 5-1-1　储位编码实施任务工单

任务名称：	
组长：	组员：
任务分工：	
方法、工具：	
任务步骤：	

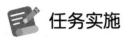 **任务实施**

步骤一 确定仓库与货架情况

仓库工作人员根据华源集团及物流中心对仓库和储位管理的要求，结合任务要求中给出的仓库与货架信息，梳理并确定仓库的货架情况，填写 A 仓库货架信息梳理表（见表 5-1-2）。

表 5-1-2 A 仓库货架信息梳理表

货架数量	存储要求	货架层数	货位数量	存货方向

步骤二 选择合适的储位编码方式

基于所学习的知识，选择合适的编码方式。

1. 分析三种编码方式

常见的编码方式有区段式编码、品项群式编码、地址式编码，结合所学习的知识，分析三种编码方式最适宜的商品。

（1）区段式编码分析。

（2）品项群式编码分析。

（3）地址式编码分析。

2. 确定编码方式

基于上一步骤的分析，最终确定 A 库房的编码方式为：＿＿＿＿＿＿＿＿＿＿＿。

步骤三　进行储位编码

根据商品属性和仓库布局确定合适的货架储位编码方法后，库房工作人员结合对货架基本情况的掌握，就可以对货架储位进行编码。

在货架示意图上标明 A 区的四排货架的编码。编码原则如下：

（1）采用四组数字表示货位号，顺序为＿＿＿＿＿、＿＿＿＿＿、＿＿＿＿＿、
＿＿＿＿＿。

如 A010203 中按顺序依次为："A" 表示托盘货架 A 区，"01" 表示第一排货架，"02" 表示货架的第二列，"03" 表示货架的第三层，整体意思则代表托盘货架 A 区第一排货架第二列第三层货位。

（2）货架的左边为第一列，向右依次排序，将货位号显示在货架示意图（见图 5-1-2）中。

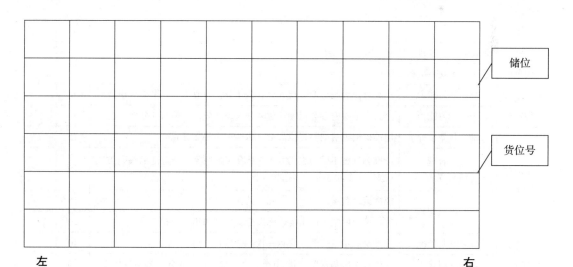

图 5-1-2　货架示意图

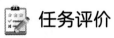 **任务评价**

学生自评表

班级		姓名		学号		
任务名称		出库前的在库作业——储位编码				
评价项目（占比）		评价标准			分值	得分
考勤（10%）	无故旷课、迟到、早退（出现一次扣10分）				10	
	请假（出现一次扣2分）					
学习能力（10%）	合作学习能力	小组合作参与程度（优6分，良4分，一般2分，未参与0分）			6	
	个人学习能力	个人自主探究参与程度（优4分，良2分，未参与0分）			4	
工作过程（60%）	确定货架情况	能准确梳理货架与货位数量（每错一个扣2分）			15	
	选择合理编码方式	能准确理解不同的编码方式，结合实际情况选择合适的编码方式（选错一个扣5分，多选扣3分）			10	
	进行储位编码	能准确理解编码要求（每错一处扣3分）			15	
		能在给定的货架图中准确标出货位号（每错一处扣2分）			20	
工作成果（20%）	成果完成情况	能按规范及要求完成任务环节（未完成一处扣2分）			10	
	成果展示情况	能准确展示货架图（失误一次扣5分）			10	
得分					100	

教师评价表

任务名称		出库前的在库作业——储位编码				
授课信息						
班级		组别	姓名		学号	
评价项目（占比）		评价标准			分值	得分
考勤（10%）	无故旷课、迟到、早退（出现一次扣10分）				10	
	请假（出现一次扣2分）					
学习能力（10%）	合作学习能力	小组合作参与程度（优6分，良4分，一般2分，未参与0分）			6	
	个人学习能力	个人自主探究参与程度（优4分，良2分，未参与0分）			4	
工作过程（60%）	确定货架情况	能准确梳理货架与货位数量（每错一个扣2分）			15	
	选择合理编码方式	能准确理解不同的编码方式，结合实际情况选择合适的编码方式（选错一个扣5分，多选扣3分）			10	
	进行储位编码	能准确理解编码要求（每错一处扣3分）			15	
		能在给定的货架图中准确标出货位号（每错一处扣2分）			20	
工作成果（20%）	成果展示情况	能准确展示货架图（失误一次扣2分）			10	
	合作学习能力	小组合作参与程度（优10分，良6分，一般4分，未参与0分）			10	
得分					100	

任务反思

在完成任务的过程中，遇到了哪些问题，是如何解决的？

知识学习

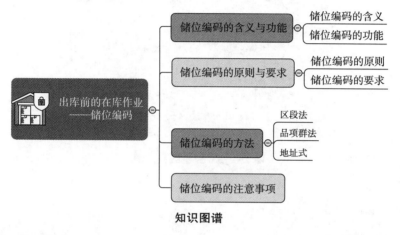

知识图谱

一、储位编码的含义与功能

1. 储位编码的含义

储位编码是指在分区、分类和划好储位的基础上，将仓库的库房、货场以及料架等存放货品的场所划分为若干储位，然后按储存地点和位置排列，采用统一标记，编列储位的顺序号码，并作出明显标志，以便仓库作业的顺利进行（见图5-1-3）。

2. 储位编码的功能

◎ 确定储位数据的正确性。

◎ 提供计算机相对的记录位置以供识别。

◎ 提供进出货、拣货、补货环节等人员存取货品的位置依据，以便货品进出上架及查询，且能节省重复找寻货品的时间，提高工作效率。

◎ 提高调仓、移仓的工作效率。

◎ 可以利用计算机处理分析。

◎ 因记录正确，可迅速依序储存或拣货，一目了然，减少弊端。

◎ 方便盘点。

◎ 可让仓储及采购管理人员了解掌握储存空间，以控制货品存量。

◎ 可避免货品乱放堆置致使过期而报废，并可有效掌握存货而降低库存量。

图 5-1-3 储位编码示例

二、储位编码的原则与要求

1. 储位编码的原则

（1）唯一性。每个储位编码都只有一个对象，只代表一个储位，如图 5-1-4 所示。

图 5-1-4 储位编码示例

（2）简易性。储位编码应尽量简单，便于记忆，以减少储位编码处理中的差错与时间，提高仓库作业效率。

（3）一贯性。一种编码方式，要能一贯地使用下去，不能今天用一种编码方式，明天又换另一种，这无疑会增加仓库管理的工作量。

（4）有效性。货位的编号就如同商品在仓库中的住址，必须符合"标志明显易找，编排循规有序"的原则。

2. 储位编码的要求

（1）标志设置。储位编号的标志设置，要因地制宜，采取适当方法，选择适当位置，如图5-1-5所示。例如，多层建筑库房的走道、段位的标志一般都刷在水泥或木板地坪上，但存放粉末类、软性笨重类货品的库房，其标志也有印刷在天花板上的。

图 5-1-5　储位编号

（2）标志制作。仓库储位编码的标志制作很不规范、不统一，可谓五花八门。有用甲、乙、丙、丁的，有用A、B、C、D的，也有用东、南、西、北的，这样容易造成单据串库、货品错放等问题。若统一用阿拉伯数字制作储位标志，则可以避免以上弊端。

另外，制作库房、通道和支道的标志，可以在阿拉伯数字之外辅以圆圈、漆线等标志。

（3）编号顺序。仓库方位的库房、货棚、货场以及库房内的通道、段位的编号都要按固定的排号规则进行，顺序是从上到下、从左到右、从里到外。

（4）段位间隔。段位间隔的宽窄，取决于储存货品批量的大小。遵从大时宽、小时窄的原则。

三、储位编码的方法

1. 区段法

把保管区分成几个区段，再对每个区段编码。这种方式是以区段为单位，每个号码所标注代表的储位区域比较大，因此适用于单位化货品、大量货品且保管期短的货品。在ABC分类中的A类、B类货品也很适合此种编码方式，货品以物流量大小来决定其所占区段的大小，以进出货频率来决定其配置顺序（见图5-1-6）。

A1
A2
A3
A4
叉车巷道
B1
B2
B3
B4

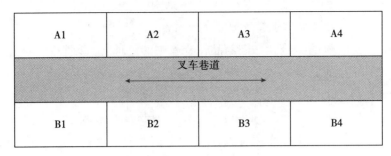

图 5-1-6　区段法

2. *品项群法*

把一些相关性货品集合后，区分成几个品项群，再对每个品项群进行编码（见图 5-1-7）。这种方式适用于按照商品群保管的场合和品牌差距大的货品，如服饰群、五金群、食品群。

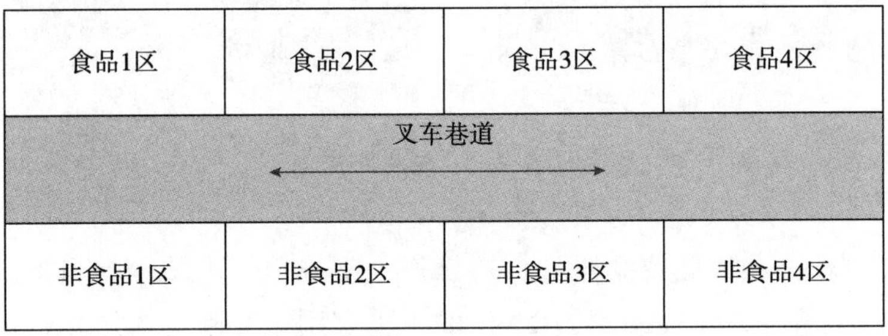

食品1区
食品2区
食品3区
食品4区
叉车巷道
非食品1区
非食品2区
非食品3区
非食品4区

图 5-1-7　品项群法

3. *地址式*

利用保管区中的现成参考单位，如建筑物第几栋、区段、排、行、层、格等，按相关顺序编码，如同传统的邮寄信件，需要地址的区、胡同号一样。这是物流配送中心使用比较普及的编码方法。如图 5-1-8 所示，标识货物在 B10 区域第三排第 12 列第一层仓位。

1
11
1
3
库区号
货架号
（由门口至里面）
货架层号
（由下至上）
货架列号
（由过道至两边）

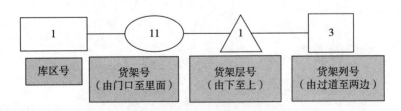

图 5-1-8　地址式

例如，对于如 1-11-1-3 的编号，可以知道编号的含义是：1 号库房，第 11 个货架，第一层中的第三格，根据储位编号就可以迅速地确定某种货物具体的存放位置。

四、储位编码的注意事项

为了使储位管理更加合理，应对储位进行分类标识，即在每个储位上用大字标明货物名称、货号、储位、条形码，以便知道货物的存放地点。保管空间照明要好。对于名称和货号接近、容易混淆的物品，可在每个储位上方或下方用标示牌醒目地记录储位编号、品名、货号。有时还用颜色区分，以达到醒目的目的。

◎　尽量不在一个储位编码中混储，必要时刻采用储位切割法，即用隔板把储位空间分成小区，每个小区按花色种类标明货号。

◎　预备存储区（集货区）的储位编码。这种区域编码可采用区段式。

◎　动管存储区的编码标示。物流配送中心的动管存储区位方便拣货，主要采用流动货架。这种货架是前面取货，后面补货。为此，动管存储区编码和品名、货号的标示必须考虑补货方便。除了在取货的货架前面有明显的储位、品名、货号等标识，在流动货架后面也应有标示甚至条形码，以供补货时条形码的阅读使用。

任务二 出库前的在库作业——移库作业

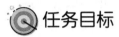 **任务目标**

通过本任务的学习，可以达成以下目标：

知识目标	1. 熟悉移库的作业流程 2. 掌握移库的技术要点
技能目标	1. 能正确认识移库作业 2. 能根据实际情况设计移库方案
思政目标	具备认真细致的工作态度及较强的规划能力

任务发布

华源物流集团的工作人员完成了仓库的储位编码，经过一段时间的运行，需要根据商品的 ABC 分类结果和库存情况对仓库中的货物和货位作出调整。完成托盘货架 A 区移库作业计划，并在货架图上绘制（包括货品名称和货品数量），每个储位只允许放一个托盘。

商品 ABC 分类情况如表 5-2-1 所示。

表 5-2-1 商品 ABC 分类情况

货物名称	ABC 分类	出库累计百分比（%）
水溶 C100 柠檬味 445mL	A	13.22
农夫山泉饮用天然水 550mL	A	26.14
农夫山泉饮用天然水 19L	A	36.02
农夫果园 30%混合果蔬橙味 1.5L	A	42.49
农夫果园 30%混合果蔬番茄味 500mL	A	48.79
农夫山泉饮用天然水 380mL	A	54.43
尖叫纤维饮料 550mL	A	59.92
农夫果园 30%混合果蔬芒果味 500mL	B	64.97
农夫果园 100%橙汁 380mL	B	69.88

续表

货物名称	ABC 分类	出库累计百分比（%）
尖叫活性肽运动饮料 550mL	B	74.62
农夫果园 100% 番茄汁 380mL	B	78.65
农夫山泉饮用天然水 4L	B	82.37
尖叫植物饮料 550mL	B	85.97
农夫果园 100% 胡萝卜汁 380mL	B	89.37
农夫果园 30% 混合果蔬番茄味 1.5L	C	91.69
农夫果园 30% 混合果蔬芒果味 1.5L	C	93.90
农夫山泉饮用天然水 5L	C	95.59
水溶 C100 西柚味 445mL	C	97.15
水溶 C100 青皮桔味 445mL	C	98.32
农夫果园 30% 混合果蔬橙味 500mL	C	99.22
农夫山泉饮用天然水 1.5L	C	100.00

A 区货架存货指示图如图 5-2-1 所示。

农夫果园 30%混合果蔬芒果味 1.5L（4箱）[20210303]		农夫果园 30%混合果蔬芒果味 500mL（8箱）[20200821]		水溶 C100 西柚味 445mL（12箱）[20210111]	水溶 C100 柠檬味 445mL（10箱）[20201116]
C00200	C00201	C00202	C00203	C00204	C00205
尖叫植物饮料 550mL（8箱）[20201111]	尖叫纤维饮料 550mL（8箱）[20201124]	尖叫活性肽运动饮料 550mL（8箱）[20200821]			
C00100	C00101	C00102	C00103	C00104	C00105
农夫果园 30%混合果蔬橙味 1.5L（6箱）[20201021]	农夫果园 30%混合果蔬番茄味 1.5L（8箱）[20201211]			农夫山泉饮用天然水 19L（10箱）[20201121]	农夫山泉饮用天然水 19L（12箱）[20201021]
C00000	C00001	C00002	C00003	C00004	C00005

图 5-2-1　A 区货架存货指示图

移库适用规则按优先程度规定如下：

一级规则：A 类货物放置于第一层货架，B 类货物放置于第二层货架，C 类货物放置于第三层货架；如每排货架不够存放，则依次存放于下一层货架。

二级规则：在同一层货架中，总出库量累计百分比小的货物优先存放在货位号较小的一列。

三级规则：在同一种货物中，如果都是整托，则优先处理生产日期在前的货物，即生产日期在前的货物优先入库，优先存放在拣选货位，若生产日期相同，则不分先后。

请按照要求完成移库作业。

任务引导

引导问题1 在仓库内什么情况下需要进行移库作业？

引导问题2 你认为进行移库作业需要做什么？

任务工单

移库作业任务工单如表5-2-2所示。

表5-2-2 移库作业任务工单

任务名称：	
组长：	组员：
任务分工：	
方法、工具：	
任务步骤：	

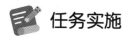 **任务实施**

步骤一　根据 ABC 分类结果确定货物存放层

从已知条件可知，A 类货物放置于第一层货架，B 类货物放置于第二层货架，C 类货物放置于第三层货架。请将 A 货架上的商品按照 ABC 分类填入表 5-2-3 中。

小提示：
移库作业认知

表 5-2-3　货物存放层

第三层 （C 类）					
第二层 （B 类）					
第一层 （A 类）					

步骤二　根据总出库量累计百分比确定货物存放位置

从已知条件可知，在同一层货架中，总出库量累计百分比小的货物优先存放在货位号较小的一列。请在步骤一得出的结果上对货物摆放进行调整，填写表 5-2-4。

表 5-2-4　根据总出库量累计百分比确定货物存放位置

第三层 （C 类）					
	C00200	C00201	C00202	C00203	C00204	C00205
第二层 （B 类）					
	C00100	C00101	C00102	C00103	C00104	C00105
第一层 （A 类）					
	C00000	C00001	C00002	C00003	C00004	C00005

步骤三　根据先进先出原则确定货物存放位置

从已知条件可知，对于同一种货物，如果都是整托，则优先处理生产日期在前的货物，即生产日期在前的货物优先入库，优先存放货位号较小的一列。若生产日期相同，则不分先后。请在步骤二得出的结果上对货物摆放进行调整，填写表 5-2-5。

表 5-2-5　根据先进先出原则确定货物存放位置

第三层 （C 类）						
	C00200	C00201	C00202	C00203	C00204	C00205
第二层 （B 类）						
	C00100	C00101	C00102	C00103	C00104	C00105
第一层 （A 类）						
	C00000	C00001	C00002	C00003	C00004	C00005

步骤四　确定移库设计，进行移库作业

确定了移库设计方案后，录入仓库管理系统，发出移库指令，由叉车工作人员按照指令完成移库作业。

 任务评价

学生自评表

班级		姓名		学号	
任务名称		出库前的在库作业——移库作业			

评价项目 （占比）	评价标准		分值	得分
考勤 （10%）	无故旷课、迟到、早退（出现一次扣 10 分）		10	
	请假（出现一次扣 2 分）			
学习能力 （10%）	合作学习能力	小组合作参与程度（优 6 分，良 4 分，一般 2 分，未参与 0 分）	6	
	个人学习能力	个人自主探究参与程度（优 4 分，良 2 分，未参与 0 分）	4	
工作过程 （60%）	根据 ABC 分类结果 确定货物存放排数	能准确理解 ABC 分类移库的任务要求	5	
		能根据 ABC 分类结果确定货物存放层并按要求填入表格（每错一处扣 2 分）	20	
	根据总出库量累计 百分比确定 货物存放位置	能准确理解出库量累计百分比移库的任务要求	5	
		能根据总出库量累计百分比确定货物存放位置并按要求填入表格（每错一处扣 4 分）	20	
	根据先进先出原则 确定货物存放位置	能准确理解先进先出原则移库的任务要求	5	
		能根据先进先出原则确定货物存放位置并按要求填入表格（每错一处扣 2.5 分）	5	
工作成果 （20%）	成果完成情况	能按规范及要求完成任务环节（未完成一处扣 2 分）	10	
	成果展示情况	能准确展示移库作业设计图（失误一次扣 5 分）	10	
得分			100	

教师评价表

任务名称		出库前的在库作业——移库作业			
授课信息					
班级		组别	姓名	学号	

评价项目（占比）		评价标准	分值	得分
考勤（10%）	无故旷课、迟到、早退（出现一次扣10分）		10	
	请假（出现一次扣2分）			
学习能力（10%）	合作学习能力	小组合作参与程度（优6分，良4分，一般2分，未参与0分）	6	
	个人学习能力	个人自主探究参与程度（优4分，良2分，未参与0分）	4	
工作过程（60%）	根据ABC结果确定货物存放排数	能准确理解ABC分类移库的任务要求	5	
		能根据ABC分类结果确定货物存放层并按要求填入表格（每错一处扣2分）	20	
	根据总出库量累计百分比确定货物存放位置	能准确理解出库量累计百分比移库的任务要求	5	
		能根据出库量累计百分比确定货物存放位置并按要求填入表格（每错一处扣4分）	20	
	根据先进先出原则确定货物存放位置	能准确理解先进先出原则移库的任务要求	5	
		能根据先进先出原则确定货物存放位置并按要求填入表格（每错一处扣2.5分）	5	
工作成果（20%）	成果完成情况	能按规范及要求完成任务环节（未完成一处扣2分）	10	
	成果展示情况	能准确展示移库作业设计图（失误一次扣5分）	10	
得分			100	

🕵 任务反思

在完成任务的过程中，遇到了哪些问题，是如何解决的？

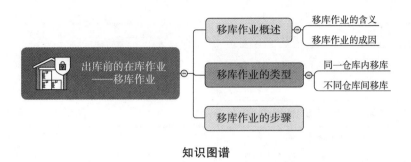

知识学习

知识图谱

一、移库作业概述

1. 移库作业的含义

移库作业是库内作业的一种，是根据仓库内货物质量变化、库存因素、货物放置错误、储位变更等因素进行调整库存储位的一种手段。

2. 移库作业的成因

在企业内部物流中，形成移库操作的原因有很多，其中主要包含以下几种情况：

（1）商品种类细分，造成的储位移动，如食品类、奶制品及休闲食品等。

（2）流程作业间的储位转变及暂存的需求，如成品总仓转移到加工部分仓。

（3）日常仓库整理作业的需求，即库内的"碎片整理"工作。

（4）仓库储位安排变更，如仓库减能需求，临时将多个分仓整合为一个主仓。

移库简单原则：保证仓储主计划不受干扰，以及市场的进出作业畅通。

二、移库作业的类型

货物的移库类型主要有同一仓库内移库和不同仓库间移库两种。

1. 同一仓库内移库

适用于仓储移库员在同一实物仓库内进行货物储位、库存形态间移动的处理过程，以下是针对这种移库操作的说明。

（1）库存商品在仓库库位间的任何移动均需进行移库作业。

（2）移库需求单位填写移库单并交由仓储主管核准后，方可执行移库操作。

（3）仓储移库员根据仓储主管核准的移库单进行实物及系统的移库操作。

移库作业流程如图 5-2-2 所示。

2. 不同仓库间移库

隶属同一公司的不同仓库间移库操作主要分为两个步骤，即移出库和移入库。不同仓库间移库的流程如图 5-2-3 所示。

图 5-2-2 移库作业的流程

图 5-2-3 不同仓库间移库的流程

三、移库作业的步骤

1. 合理地计划

移库计划生成，原则上根据项目需求，作出储位移动计划，其中原则上需要包含移出库位、移入库位、移出托盘、移入托盘以及计划移动时间。移库计划的制订，一般需要提前统一安排。

2. 细节提醒

由于货架式仓库的进出，往往伴随大量独立储位、机具的使用，以及储位移动时间较长的问题，因此现场作业需要注意几个细节。

WMS货架（见图 5-2-4）库位较多，故移库计划生成后，若为人工拣选，则需现场再次确认库位及托盘信息，减少计划与执行间的差错率。

图 5-2-4 WMS 货架

任务三 出库后的在库作业——补货作业

任务目标

通过本任务的学习，可以达成以下目标：

知识目标	1. 了解补货作业的概念 2. 了解补货点的概念 3. 掌握补货的时机 4. 掌握补货方式的特点及其适用情况
技能目标	1. 能根据案例信息，分析补货需求 2. 能确定需补货的货品，并填写补货单 3. 能使用手持终端完成货品补货下架与上架操作
思政目标	具备认真细致的工作态度及较强的分析能力

任务发布

结合 6 月 21 日当天出入库完成的情况，编制补货作业。按箱补货，补货数量为最低补货量。

电子标签拣选 C 区《补货单》：根据实际作业情况，当库存低于补货点时进行补货，编制补货作业任务计划，编制 C 区《补货单》，编制顺序按目标货位从小到大。

表 5-3-1 为电子标签拣选 C 区库存结余信息，表 5-3-2 和表 5-3-3 为出库通知单。

表 5-3-1 电子标签拣选 C 区库存结余信息（截至 6 月 20 日 17：30）

序号	储位编码	货品编码	货物名称	单位	数量	补货点（个）
1	C0001	CT0001	农夫山泉饮用天然水 1.5L	瓶	10	5
2	C0002	CT0002	农夫山泉饮用天然水 4L	桶	8	5
3	C0003	CT0003	农夫山泉饮用天然水 5L	桶	64	3
4	C0004	CT0004	农夫山泉饮用天然水 19L	桶	24	3

续表

序号	储位编码	货品编码	货物名称	单位	数量	补货点（个）
5	C0005	CT0005	农夫果园 30%混合果蔬橙味 1.5L	瓶	84	5
6	C0006	CT0006	农夫果园 30%混合果蔬芒果味 1.5L	瓶	104	5
7	C0007	CT0007	农夫果园 30%混合果蔬番茄味 1.5L	瓶	8	5
8	C0008	CT0008	农夫果园 100%番茄汁 380mL	瓶	10	10
9	C0009	CT0009	农夫果园 100%胡萝卜汁 380mL	瓶	13	10
10	C0010	CT0010	农夫果园 100%橙汁 380mL	瓶	12	10

表 5-3-2 出库通知单

发货库房：快鹿物流公司仓库 客户名称：华润苏果
收货单位：华润苏果仓库 订单发出时间：2022.06.21 10：00
出库通知单号：20220621C03

序号	货物名称	数量	单位
1	农夫果园 100%番茄汁 380mL	10	箱
2	农夫果园 100%胡萝卜汁 380mL	10	箱
3	农夫山泉饮用天然水 5L	4	桶
4	农夫山泉饮用天然水 19L	4	桶

表 5-3-3 出库通知单

发货库房：快鹿物流公司仓库 客户名称：永辉超市
收货单位：永辉超市仓库 订单发出时间：2022.06.21 10：00
出库通知单号：20220621C05

序号	货物名称	数量	单位
1	农夫果园 30%混合果蔬芒果味 1.5L	12	箱
2	农夫果园 30%混合果蔬番茄味 1.5L	10	箱
3	农夫果园 30%混合果蔬橙味 1.5L	4	瓶
4	农夫果园 30%混合果蔬芒果味 1.5L	4	瓶

任务引导

引导问题 1 你知道的补货方式有哪些？尝试举例说明。

引导问题2 补货作业需要注意什么？

 任务工单

补货作业任务工单如表5-3-4所示。

表5-3-4 补货作业任务工单

任务名称：	
组长：	组员：
任务分工：	
方法、工具：	
任务步骤：	

任务实施

步骤一 编制出库信息表

根据电子标签拣选C区补货单和出库通知单，编制出库信息表（见表5-3-5）。

表5-3-5 出库信息表

序号	货品名称	单位	库存量	出库量	补货点
1	农夫山泉饮用天然水 5L	桶			
2	农夫山泉饮用天然水 19L	桶			
3	农夫果园 30%混合果蔬橙味 1.5L	瓶			
4	农夫果园 30%混合果蔬芒果味 1.5L	瓶			

步骤二　计算库存结余量

根据计算公式库存结余量=库存量-出库量，填写表5-3-6。

表5-3-6　计算库存结余量

序号	货品名称	单位	库存量	出库量	补货点	库存结余量
1	农夫山泉饮用天然水 5L	桶				
2	农夫山泉饮用天然水 19L	桶				
3	农夫果园 30%混合果蔬橙味 1.5L	瓶				
4	农夫果园 30%混合果蔬芒果味 1.5L	瓶				

步骤三　确定需补货货品

若库存结余量大于补货点，则不需要补货作业；若库存结余量小于或等于补货点，则需要补货作业。据此，填写表5-3-7。

表5-3-7　确定是否需要补货

序号	货品名称	单位	库存量	出库量	补货点	库存结余量	是否需要补货
1	农夫山泉饮用天然水 5L	桶					
2	农夫山泉饮用天然水 19L	桶					
3	农夫果园 30%混合果蔬橙味 1.5L	瓶					
4	农夫果园 30%混合果蔬芒果味 1.5L	瓶					

步骤四　计算补货数量

根据补货量计算公式：补货数量=补货点-库存结余量+1，填写表5-3-8。

表5-3-8　补货单

序号	货品名称	单位	补货点	库存结余量	补货数量	补货储位
1	农夫山泉饮用天然水 5L	桶				
2	农夫山泉饮用天然水 19L	桶				
3	农夫果园 30%混合果蔬橙味 1.5L	瓶				

步骤五 填写补货单

编制电子标签拣货区 C 货架补货单，按目标货位从小到大排序后编制顺序。

表 5-3-9 补货单

序号	货物名称	规格 （瓶、桶/箱）	源货位	补货数量	补货单位	目标货位
1	农夫山泉饮用天然水 5L					
2	农夫山泉饮用天然水 19L					
3	农夫果园 30%混合果蔬橙味 1.5L					

 任务评价

学生自评表

班级		姓名		学号	
任务名称		出库后的在库作业——补货作业			
评价项目 （占比）		评价标准		分值	得分
考勤 （10%）	无故旷课、迟到、早退（出现一次扣 10 分）			10	
	请假（出现一次扣 2 分）				
学习能力 （10%）	合作学习能力	小组合作参与程度（优 6 分，良 4 分，一般 2 分，未参与 0 分）		6	
	个人学习能力	个人自主探究参与程度（优 4 分，良 2 分，未参与 0 分）		4	
工作过程 （60%）	编制出库信息表	能准确填写出库信息表（每错一处扣 1 分）		10	
	计算库存结余量	能准确计算库存结余量（每错一处扣 2 分）		10	
	确定需补货货品	能确定需补货货品（每错一处扣 3 分）		15	
	计算补货数量	能准确计算补货数量（每错一处扣 3 分）		10	
	编制补货单	能准确填写补货单（每错一处扣 1 分）		15	
工作成果 （20%）	成果完成情况	能按规范及要求完成任务环节（未完成一处扣 2 分）		10	
	成果展示情况	能准确展示补货单（失误一次扣 5 分）		10	
得分				100	

教师评价表

任务名称			出库后的在库作业——补货作业					
授课信息								
班级		组别		姓名		学号		

评价项目（占比）		评价标准			分值	得分
考勤（10%）	无故旷课、迟到、早退（出现一次扣10分）				10	
	请假（出现一次扣2分）					
学习能力（10%）	合作学习能力	小组合作参与程度（优6分，良4分，一般2分，未参与0分）			6	
	个人学习能力	个人自主探究参与程度（优4分，良2分，未参与0分）			4	
工作过程（60%）	编制出库信息表	能准确填写出库信息表（每错一处扣1分）			10	
	计算库存结余量	能准确计算库存结余量（每错一处扣2分）			10	
	确定需补货货品	能确定需补货货品（每错一处扣3分）			15	
	计算补货数量	能准确计算补货数量（每错一处扣3分）			10	
	编制补货单	能准确填写补货单（每错一处扣1分）			15	
工作成果（20%）	成果完成情况	能按规范及要求完成任务环节（未完成一处扣2分）			10	
	成果展示情况	能准确展示补货单（失误一次扣5分）			10	
得分					100	

🔍 任务反思

在完成任务的过程中，遇到了哪些问题，是如何解决的？

....

....

....

....

....

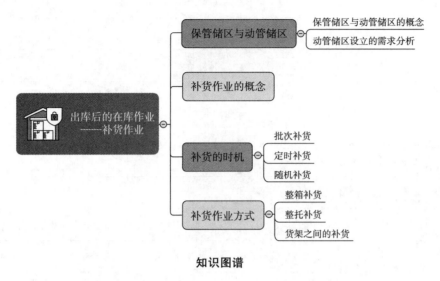

知识图谱

一、保管储区与动管储区

1. 保管储区与动管储区的概念

保管储区是指对货物进行储存的区域；动管储区是指在拣货作业时所使用的拣货区域，此区域的货品大多在短期内将被拣取出货，其货品在储位上流动频率很高。

动管储区的功能是满足拣货的需求，为了让拣货时间及距离缩短并降低拣错率就必须在拣取时能很方便、迅速地到达欲拣取货品所在位置。

2. 动管储区设立的需求分析

（1）从物料管理的角度来看，储位分为保管储区与动管储区。

（2）分成保管储区与动管储区需二次拣货，但缩短了行走距离与寻找货品的时间。

（3）同时考虑综合作业时间与效率，两区域并存确有其必要性。

（4）对商品种类做 ABC 分析。将 A 类商品放在动管储区，而 B 类、C 类商品放在保管储区。

二、补货作业的概念

1. 补货的概念

中华人民共和国国家标准《物流术语》（GB/T 18354—2021）中指出：补货（replenishment）是指为保证物品存货数量而进行的补充相应库存的活动。

《物流中心作业通用规范》（GB/T 22126—2008）中指出：补货是配送中心拣货区的存货低于设定标准的情况下，将货物从仓库保管区域搬运到拣货区的作业活动。

补货作业的目的是将正确的货物在正确的时间、正确的地点，以正确的数量和最有效的方式送到指定的拣货区，保证拣货区随时有货可拣，能够及时满足客户订货的需要，以提高拣货的效率。补货作业流程如图5-3-1所示。

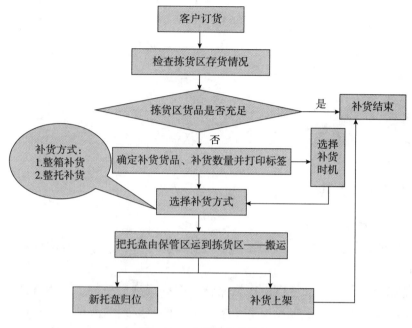

图 5-3-1 补货作业流程

2. 补货点

补货点是指当商品的可销量到了某存货水平时（大于安全存量，小于最大库存量），即进行补货时的存量点。当商品可销量小于或等于库存量为紧急补货点。

三、补货的时机

补货作业的发生与否应视动管储区的货量是否能满足需求而定，因而究竟何时需检查动管储区存量，何时需将保管储区的货补至动管储区，以免出现拣货中途才发觉动管储区的货量不够，还要临时补货影响整个出货时间的情形。

1. 批次补货

在每天或每一批次拣取前，由电脑计算所需物品的总拣取量，再查看动管储区的物品量，在拣取前一特定时点补足物品。此为"一次补足"的补货原则，较适合一日内作业量变化不大，紧急插单不多，或每批次拣取量大需事先掌握的情况。

2. 定时补货

将每天划分为数个时点，补货人员于规定时段内检查动管储区货架上物品存量，若存量不足马上将货架补满。此为"定时补足"的补货原则，较适合分批拣货的时间固定，且紧急处理时间也固定的公司。

3. 随机补货

指定专门的补货人员，随时巡视动管储区的物品存量，如若不足，则随时补货。此为"不定时补足"的补货原则，较适合每批次拣取量不大，紧急插单多以至于一日内作业量不易事前掌握的情况。

思考讨论 补货作业时，需要注意哪些事项？

四、补货作业方式

1. 常见的补货作业方式

补货作业的策划要满足两个前提，即"确保有货可拣"和"将待拣货物放置在存取都方便的位置"。

（1）整箱补货。整箱补货指由货架保管储区补货到流动货架的拣货区。这种补货方式中的保管储区为料架储放区，动管储区为两面开放式的流动棚拣货区。拣货员拣货之后把货物放入输送机并运到出货区，若动管储区的存货低于设定标准，则进行补货作业，如图 5-3-2 所示。这种补货方式由作业员到货架保管储区取货箱，用手推车载货箱至拣货区。该方式较适合体积小且少量多样出货的物品。

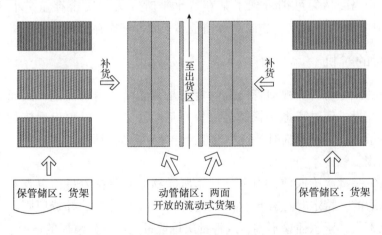

图 5-3-2 货架保管储区到流动式货架动管储区的整箱补货

（2）整托补货。整托补货方式是以托盘为单位进行补货。托盘由地板堆放保管储区运到地板堆放动管储区，拣货时把托盘上的货箱置于中央输送机传送到发货区。当存货量低于设定标准时，立即补货，使用堆垛机把托盘由保管储区运到动管储区，也可把托盘运到货架动管储区进行补货。这种补货方式适合体积大或出货量多的物品。

◎　地板至地板的整托补货（见图5-3-3）。这种补货方式适合体积大或出货量多的物品。

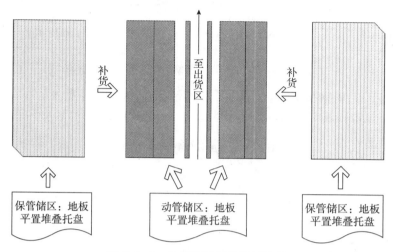

图5-3-3　地板至地板的整托补货

◎　地板至货架的整托补货（见图5-3-4）。这种补货方式比较适合体积中等或中量（以箱为单位）出货的物品。

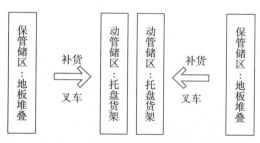

图5-3-4　地板至货架的整托补货

（3）货架之间的补货。在这种补货方式中保管储区与动管储区属于同一货架，也就是将同一货架上的中下层作为动管区，上层作为保管储区，进货时则将动管储区放不下的多余货箱放到上层保管储区。当动管储区的存货低于设定标准时，利用堆垛机将上层保管储区的货物搬至下层动管储区。这种补货方式适合体积不大、存货量不高，且多为中小量出货的物品。

2. 补货方式的应用

（1）由自动仓库将货品送至旋转货架进行补货，如图5-3-5所示。

图5-3-5　由自动仓库将货品送至旋转货架进行补货

（2）由入库直至补充线，如图 5-3-6 所示。

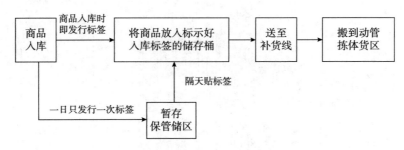

图 5-3-6　由入库直至补充线

任务四　出库后的在库作业——盘点作业

任务目标

通过本任务的学习，可以达成以下目标：

知识目标	1. 理解盘点作业的概念 2. 掌握盘点作业的内容 3. 掌握盘点作业的流程
技能目标	1. 能编制盘点单 2. 能根据案例信息，对盘点区域进行盘点作业 3. 能根据实际情况，处理盘点差异
思政目标	具备认真细致的工作态度及较强的分析能力

任务发布

1. 结合 2022 年 6 月 20 日的库存结余表，6 月 21 日前所缺货物的补货单，和托盘货架 A 区 6 月 21 日当天出入库和补货完成后的情况，编制《盘点表》。

盘点表编制原则：①显示托盘货架上所有货物的情况；②按货位号由小到大进行编制。

2. 信息员在仓储管理系统下达盲盘指令。盘点员前往指定区域，利用手持终端设备对货品实施盲盘，完成后打印并提交盘点作业单。

表 5-4-1 所示为托盘货架 A 区 2022 年 6 月库存结余信息（截至 6 月 20 日 17：30）。表 5-4-2~表 5-4-8 所示为入库通知单。

表 5-4-1　库存结余信息

序号	货物名称	单位	库存结余（箱）
1	农夫果园 30%混合果蔬橙味 500mL	箱	4
2	农夫果园 30%混合果蔬番茄味 1.5L	箱	18
3	农夫果园 30%混合果蔬芒果味 500mL	箱	10
4	农夫山泉饮用天然水 1.5L	箱	8
5	农夫山泉饮用天然水 5L	箱	2
6	水溶 C100 青皮桔味 445mL	箱	10

表 5-4-2　入库通知单

客户名称：贸易公司　　　　　　　　入库库房：快鹿物流公司仓库
入库通知单号：20220621R01　　　　预计入库时间：2022.06.21　8：00

序号	货物名称	数量（箱）	重量（kg）	包装尺寸（mm×mm×mm）	生产日期
1	水溶 C100 西柚味 445mL	52	15.4	330×250×300	20220413
2	尖叫植物饮料 550mL	31	15.8	358×242×300	20220417
3	农夫果园 100%橙汁 380mL	71	9.4	300×230×200	20220605
4	农夫山泉饮用天然水 550mL	53	15.8	460×260×300	20220511
5	农夫山泉饮用天然水 5L	18	25.4	600×500×415	20220511
6	农夫果园 30%混合果蔬芒果味 500mL	10	15.6	330×210×300	20220511
7	农夫果园 100%番茄汁 380mL	42	9.4	300×230×200	20220605
8	农夫果园 30%混合果蔬芒果味 1.5L	24	20.1	600×500×415	20220512
9	农夫果园 100%胡萝卜汁 380mL	51	9.4	300×230×200	20220605
10	农夫山泉饮用天然水 380mL	36	9.4	520×380×200	20220511
11	农夫果园 30%混合果蔬橙味 1.5L	35	20.1	600×500×415	20220512
12	尖叫活性肽运动饮料 550mL	52	15.8	358×242×300	20220417
13	农夫山泉饮用天然水 1.5L	24	20.1	600×500×415	20220511
14	水溶 C100 青皮桔味 445mL	10	15.4	330×250×300	20220411
15	农夫果园 30%混合果蔬橙味 500mL	68	15.6	330×210×300	20220513
16	农夫山泉饮用天然水 4L	22	23.8	600×500×415	20220511
17	尖叫纤维饮料 550mL	38	15.8	358×242×300	20220417
18	农夫果园 30%混合果蔬番茄味 1.5L	18	20.1	600×500×415	20220510
19	水溶 C100 柠檬味 445mL	51	15.4	330×250×300	20220412
20	农夫山泉饮用天然水 19L	23	32.7	600×500×415	20220511
21	农夫果园 30%混合果蔬番茄味 500mL	57	15.6	330×210×300	20220513

表 5-4-3　出库通知单 1

发货库房：快鹿物流公司　　　　　　仓库客户名称：盒马鲜生
收货单位：盒马鲜生仓库　　　　　　订单发出时间：2022.06.21　10：00
出库通知单号：20220621C01

序号	货物名称	数量	单位	备注
1	尖叫活性肽运动饮料 550mL	10	箱	
2	尖叫纤维饮料 550mL	12	箱	
3	尖叫植物饮料 550mL	10	箱	
4	农夫果园 30%混合果蔬芒果味 500mL	3	箱	
5	农夫山泉饮用天然水 5L	2	箱	
6	水溶 C100 青皮桔味 445mL	3	箱	

续表

序号	货物名称	数量	单位	备注
7	农夫山泉饮用天然水 380mL	5	瓶	
8	农夫山泉饮用天然水 550mL	2	瓶	
9	农夫山泉饮用天然水 1.5L	4	瓶	
10	农夫山泉饮用天然水 4L	4	桶	

表 5-4-4　出库通知单 2

发货库房：快鹿物流公司　　　　　　仓库客户名称：华润苏果

收货单位：华润苏果仓库　　　　　　订单发出时间：2022.06.21　10：00

出库通知单号：20220621C02

序号	货物名称	数量	单位	备注
1	农夫果园 100%番茄汁 380mL	10	箱	
2	农夫果园 100%胡萝卜汁 380mL	10	箱	
3	农夫果园 30%混合果蔬橙味 500mL	6	箱	
4	农夫果园 30%混合果蔬芒果味 500mL	2	箱	
5	农夫山泉饮用天然水 5L	3	箱	
6	水溶 C100 青皮桔味 445mL	2	箱	
7	农夫山泉饮用天然水 380mL	5	瓶	
8	农夫山泉饮用天然水 550mL	2	瓶	
9	农夫山泉饮用天然水 5L	4	桶	
10	农夫山泉饮用天然水 19L	4	桶	

表 5-4-5　出库通知单 3

发货库房：快鹿物流公司　　　　　　仓库客户名称：家乐福

收货单位：家乐福仓库　　　　　　订单发出时间：2022.06.21　10：00

出库通知单号：20220621C03

序号	货物名称	数量	单位	备注
1	尖叫植物饮料 550mL	12	箱	
2	农夫果园 100%橙汁 380mL	10	箱	
3	农夫果园 30%混合果蔬番茄味 1.5L	10	箱	
4	农夫山泉饮用天然水 5L	4	箱	
5	农夫山泉饮用天然水 4L	10	箱	
6	农夫山泉饮用天然水 550mL	10	箱	
7	农夫山泉饮用天然水 380mL	5	瓶	
8	农夫山泉饮用天然水 550mL	2	瓶	
9	农夫山泉饮用天然水 1.5L	4	瓶	
10	农夫山泉饮用天然水 5L	4	桶	

表 5-4-6　出库通知单 4

发货库房：快鹿物流公司　　　　仓库客户名称：永辉超市
收货单位：永辉超市仓库　　　　订单发出时间：2022.06.21　10：00
出库通知单号：20220621C04

序号	货物名称	数量	单位	备注
1	农夫果园30%混合果蔬橙味1.5L	10	箱	
2	农夫果园30%混合果蔬芒果味1.5L	12	箱	
3	农夫果园30%混合果蔬番茄味1.5L	10	箱	
4	农夫果园30%混合果蔬芒果味500mL	3	箱	
5	农夫山泉饮用天然水5L	4	箱	
6	水溶C100青皮桔味445mL	1	箱	
7	农夫山泉饮用天然水380mL	5	瓶	
8	农夫山泉饮用天然水550mL	2	瓶	
9	农夫果园30%混合果蔬橙味1.5L	4	瓶	
10	农夫果园30%混合果蔬芒果味1.5L	4	瓶	

表 5-4-7　出库通知单 5

发货库房：快鹿物流公司　　　　仓库客户名称：罗森便利店
收货单位：罗森便利店仓库　　　　订单发出时间：2022.06.21　10：00
出库通知单号：20220621C05

序号	货物名称	数量	单位	备注
1	尖叫纤维饮料550mL	12	箱	
2	尖叫植物饮料550mL	10	箱	
3	农夫果园100%番茄汁380mL	10	箱	
4	农夫果园30%混合果蔬芒果味500mL	2	箱	
5	农夫山泉饮用天然水1.5L	13	箱	
6	农夫山泉饮用天然水4L	13	箱	
7	农夫山泉饮用天然水380mL	5	瓶	
8	农夫山泉饮用天然水550mL	2	瓶	
9	农夫山泉饮用天然水19L	4	桶	
10	农夫果园30%混合果蔬橙味1.5L	4	瓶	

表 5-4-8　出库通知单 6

发货库房：快鹿物流公司　　　　仓库客户名称：世纪华联
收货单位：世纪华联仓库　　　　订单发出时间：2022.06.21　10：00
出库通知单号：20220621C06

序号	货物名称	数量	单位	备注
1	农夫果园100%橙汁380mL	12	箱	

续表

序号	货物名称	数量	单位	备注
2	农夫果园 30%混合果蔬番茄味 500mL	10	箱	
3	农夫果园 30%混合果蔬芒果味 500mL	3	箱	
4	农夫山泉饮用天然水 1.5L	6	箱	
5	农夫山泉饮用天然水 5L	3	箱	
6	水溶 C100 青皮桔味 445mL	1	箱	
7	农夫山泉饮用天然水 380mL	5	瓶	
8	农夫山泉饮用天然水 550mL	2	瓶	
9	农夫果园 100%番茄汁 380mL	4	瓶	
10	农夫果园 100%胡萝卜汁 380mL	4	瓶	

任务引导

引导问题 1 简述常用的仓库盘点方法。

引导问题 2 什么是明盘法、盲盘法、半盲盘法？

（1）_____是根据货品库存报表，直接核查实物。

（2）_____是一个人单独看报表、看实物点数。

（3）_____是一个人拿报表，另一个人看实物，还可以细分为唱报表和唱实物两种不同方法。

（4）_____是一个人唱实物，另一个人不看报表记账，还有一个人看报表核对。

（5）_____是指不看货品库存报表，直接核查实物，抄录编号和数量，抄录完毕后，再与库存报表对比的盘点方法。

任务工单

盘点作业任务工单如表 5-4-9 所示。

表 5-4-9 盘点作业任务工单

任务名称：	
组长：	组员：
任务分工：	
方法、工具：	
任务步骤：	

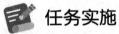 **任务实施**

步骤一 盘点方法分析

仓库中常用的盘点方法是期末盘点法和循环盘点法，结合所学习的知识，分析比较两种盘点方式所需时间、所需人员等，填写表 5-4-10。

表 5-4-10 期末盘点法与循环盘点法比较

比较内容	盘点方式	
	期末盘点	循环盘点
时间		
所需时间		
所需人员		
盘差情况		
对运营的影响		
对品种的管理		
盘差原因追究		

步骤二 盘点作业实施

1. 盘点准备

盘点作业的第一步是盘点准备工作，主要分为盘点决策准备、人员准备、环境整理、盘点工具准备以及盘点前的指导工作。

（1）确定盘点决策准备内容。

（2）确定盘点人员需要准备的内容。

（3）确定盘点环境整理的内容。

（4）确定盘点工具准备的内容。

盘点人员需要按货位号由小到大，分别编制三排货架的共计三张盘点表，见表 5-4-11 至表 5-4-13。

表 5-4-11 盘点表（第一排货架）

序号	货物名称	单位	盘点数量	货位号
1				
2				
3				
4				
5				
6				

表 5-4-12　盘点表（第二排货架）

序号	货物名称	单位	盘点数量	货位号
1				
2				
3				
4				
5				
6				

表 5-4-13　盘点表（第三排货架）

序号	货物名称	单位	盘点数量	货位号
1				
2				
3				
4				
5				
6				

（5）确定盘点前的指导工作。

2. 确定盘点时间

仓储主管决定采用 ABC 分类法实施盘点管理，分析确定各类产品的盘点频率。

（1）A 类主要产品：_____。

（2）B 类主要产品：_____。

（3）C 类主要产品：_____。

3. 盘点工作分派

进行工作分派时，一般来说，仓库管理人员参与初盘操作，然后抽调人员参与复盘作业和抽盘作业。

4. 储存场所的清理

仓库管理员在盘点前应自行预盘，以便提早发现问题并加以预防。分析需要做的工作并填制下表。

表 5-4-14　储存场所的清理内容

序号	储存场所清理内容
1	
2	
3	
4	

5. 单据整理

盘点人员在盘点之前，还要准备好盘点作业需要的单据，一般来说，需要准备的单据包括：_____

_____

_____。

6. 实施盘点

（1）初盘作业。初盘作业时，需要进行的工作包括：

（2）复盘作业。复盘作业时，需要进行的工作包括：

（3）抽盘作业。抽盘作业时，需要进行的工作包括：

步骤三　盘盈差异处理

盘点员在盘点完成之后，发现 3 种商品出现盘盈的情况，盘盈的意思是实际库存比账面库存数量多。出现盘盈的情况有很多，其处理办法也不尽相同，经过调查和分析，主要原因是货物出库时货品出现少发问题，从而造成盘盈。结合所学习的知识，初步列出盘盈差异处理方法。

任务评价

学生自评表

班级		姓名		学号	
任务名称		出库后的在库作业——盘点作业			
评价项目（占比）		评价标准		分值	得分
考勤（10%）	无故旷课、迟到、早退（出现一次扣 10 分）			10	
	请假（出现一次扣 2 分）				
学习能力（10%）	合作学习能力	小组合作参与程度（优 6 分，良 4 分，一般 2 分，未参与 0 分）		6	
	个人学习能力	个人自主探究参与程度（优 4 分，良 2 分，未参与 0 分）		4	
工作过程（60%）	计算库存结余量	能准确计算库存结余量表（每错一处扣 1 分）		15	
	填写盘点表	能准确填写盘点表（每错一处扣 1 分）		15	
	正确使用手持终端	能规范使用手持终端（每错一处扣 1 分）		10	
	盘点作业	能对货品进行盘点（每错盘一种货品扣 3 分）		20	
工作成果（20%）	成果完成情况	能按规范及要求完成任务环节（未完成一处扣 2 分）		10	
	成果展示情况	能准确打印盘点单（失误一次扣 5 分）		10	
得分				100	

教师评价表

任务名称	出库后的在库作业——盘点作业						
授课信息							
班级		组别		姓名		学号	

评价项目 （占比）	评价标准		分值	得分
考勤 （10%）	无故旷课、迟到、早退（出现一次扣10分）		10	
	请假（出现一次扣2分）			
学习能力 （10%）	合作学习能力	小组合作参与程度（优6分，良4分，一般2分，未参与0分）	6	
	个人学习能力	个人自主探究参与程度（优4分，良2分，未参与0分）	4	
工作过程 （60%）	计算库存结余量	能准确计算库存结余量表（每错一处扣1分）	15	
	填写盘点表	能准确填写盘点表（每错一处扣1分）	15	
	正确使用手持终端	能规范使用手持终端（每错一处扣1分）	10	
	盘点作业	能对货品进行盘点（每错盘一种货品扣3分）	20	
工作成果 （20%）	成果完成情况	能按规范及要求完成任务环节（未完成一处扣2分）	10	
	成果展示情况	能准确打印盘点单（失误一次扣5分）	10	
得分			100	

任务反思

在完成任务的过程中，遇到了哪些问题，是如何解决的？

....
....
....
....
....

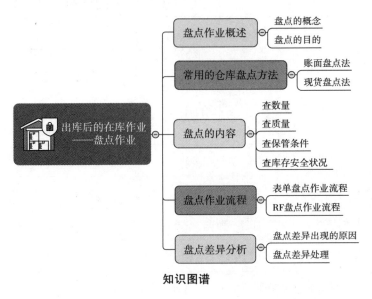

知识学习

知识图谱

一、盘点作业概述

1. 盘点的概念

中华人民共和国国家标准《物流术语》（GB/T 18354—2021）指出：盘点（stock checking）是对储存物品进行清点和账物核对的活动。

2. 盘点的目的

（1）为了确定现存量，并修正料账不符产生的误差。通常，物料在一段时间不断接收与发放后，容易产生误差，这些误差的形成主因如下：①库存资料记录不确实，如多记、误记、漏记等；②库存数量有误，如损坏、遗失、验收与出货清点有误；③盘点方法选择不恰当，如误盘、重盘、漏盘等。这些差异必须在盘点后找出错误的起因，并予以更正。

（2）为了计算企业的损益。企业的损益与总库存金额有相当密切的关系，而库存金额又与库存量及其单位成正比。因此，为了能准确地计算出企业实际的损益，必须针对现有数量加以盘点。如果库存太多，则表示企业的成本占用太多。

（3）为了稽核货品管理的绩效，使出入库的管理方法和保管状态变得清晰。如呆、废品的处理状况，存货周转率、物料的保养维修，均可借盘点发现问题，以谋改善之策。

二、常用的仓库盘点方法

1. 账面盘点法

账面盘点的方法是将每种货品分别设帐，然后将每种货品的入库与出库情况详细记载，不必实地盘点即能随时从计算机或账簿上查悉货品的存量。通常量少而单价高的货品较适合采用此法。

2. 现货盘点法

现货盘点法是对库存商品进行实物盘点的方法。按盘点时间、频率不同，现货盘点法又分为期末盘点法和循环盘点法。

（1）期末盘点法。期末盘点法是指在会计计算期末统一清点所有商品数量的方法。由于期末盘点法是将所有商品一次盘点完，因此工作量大、要求严格。通常采取分区、分组的方式进行。分区是将整个储存区域划分成不同责任区，不同区由专门的小组负责点数、复核和监督，因此，一个小组通常至少需要三人分别负责清点数量并填写盘存单；复查数量并登记复查结果；核对前二次盘点数量是否一致，对不一致结果进行检查。等所有盘点结束后，再与计算机或账册上的账面数核对。

（2）循环盘点法。循环盘点法是指在每天、每周盘点一部分商品，一个循环周期将每种商品至少清点一次的方法。循环盘点法通常对价值高或重要的商品检查次数多，而且监督也严密一些，而对价值低或不太重要的商品的盘点次数可以尽量少。循环盘点一次只对少量商品盘点，所以通常只需保管人员自行对照库存数据进行点数检查，如果发现问题则按盘点程序进行复核，并查明原因，然后调整。也可以采用专门循环盘点单登记盘点情况。

三、盘点的内容

1. 查数量

通过盘点，查明库存商品的实际数量，核对库存账面数量与实际库存数量是否一致，这是盘点最主要的内容。

2. 查质量

检查在库商品质量有无变化，包括受潮、锈蚀、发霉、干裂、鼠咬，甚至变质情况；检查有无超过保管期限或长期积压现象；检查技术证件是否齐全，证物是否相符；必要时，还要进行技术检验。

3. 查保管条件

➢ 库房内外的储存空间与场所利用是否合理

➢ 储存区域划分是否明确

➢ 货架布置是否合理

➢ 商品进出是否方便、简单、快速

➢ 搬运是否方便

➢ 传递距离是否太长

➢ 储区标志是否清楚

➢ 有无废弃物堆置区

➢ 温湿度是否控制良好

4. 查库存安全状况

检查各种安全设施和消防器材是否符合安全要求，建筑物和设备是否处于安全状态。

四、盘点作业流程

盘点作业方法主要有两种：表单盘点和 RF 盘点。其中，表单盘点是较传统的方法，盘点的依据是盘点单；RF 盘点是相对较先进的方法，盘点依据是 RF 终端显示的货品信息。它们的作业流程如下。

1. 表单盘点作业流程

表单盘点作业流程如图 5-4-1 所示。

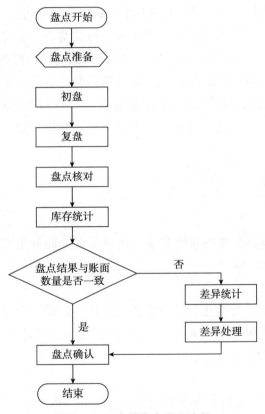

图 5-4-1　表单盘点作业流程

表单盘点作业流程关键步骤说明：

（1）盘点准备。确定盘点程序和盘点方法，安排盘点人员，盘点单打印准备，仓库清理。

（2）初盘。由各初盘人员清点所负责区域的货品，将清点结果填入盘点单。

（3）复盘。由复盘人员进行复盘，将盘点结果填入盘点单。

（4）盘点核对。由第三人核对盘点单，检查初盘和复盘的结果是否相同且正确。

（5）库存统计。将盘点单交予仓库统计员，合计货品库存总量。

（6）盘点结果处理。仓库主管核对账务信息与盘点信息是否一致，若不一致，则进行差异统计，核查差异原因，并修改账务信息。

（7）盘点确认。盘点结果处理完毕，仓库主管签字确认。

 企业执行盘点作业时，需要注意哪些事项？

思考讨论

2. RF 盘点作业流程

RF 盘点作业流程如图 5-4-2 所示。

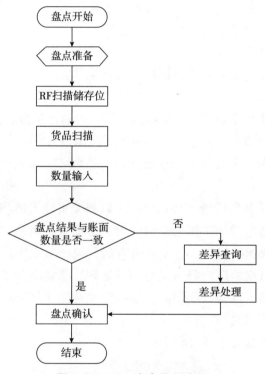

图 5-4-2 RF 盘点作业流程

RF 盘点主要步骤说明：

（1）盘点准备。在条形码系统中输入盘点凭证，系统根据凭证号自动获取所有盘点任务清单；条形码系统基于储位分配盘点任务给相关操作人员；操作人员输入盘点凭证获取盘点任务。

（2）RF 扫描储位。操作人员扫描要盘点的储位条码。

（3）货品扫描。依据 RF 提示，使用 RF 扫描货品条码，同一货品只需扫描一次条码。

（4）数量输入。输入该货品清点后确认的数量，并查看该储位是否还有其他货品，如果有则继续扫描货品条形码并输入数量。

（5）数据核对。在条形码系统中结合系统中实时的库存，查询盘点差异，如无差异则将盘点结果导入系统；若存在差异则进行差异处理。

五、盘点差异分析

1. 盘点差异出现的原因

盘点会将一段时间以来积累的作业误差及其他原因引起的账物不符情况暴露出来，发现账物不符，而且差异超过容许误差时，应立即追查产生差异原因。

一般而言，盘点差异产生的原因主要有以下几个方面：

（1）记账员素质不高，登录数据时发生错登、漏登等情况。

（2）账务处理系统管理制度和流程不完善，导致货品数据不准确。

（3）盘点时发生漏盘、重盘、错盘现象，导致盘点结果出现错误。

（4）盘点前数据未结清，使账面数据不准确。

（5）出入作业时产生误差。

（6）由盘点人员不尽责导致货物损坏、丢失等后果。

2. 盘点差异处理

（1）由人为盘点操作不规范导致的盘点差异，可通过复盘解决。

（2）由账务制度造成的盘点差异，由主管部门调整和完善账务制度。

（3）盈处理。应及时上报领导经审批后再调整账务，加强管理，保证以后账务处理的及时性。

（4）亏处理。如果是发错货，公司则应予以相关责任人适当处罚，并同时安排人员查找收货单位尽快追回货品；如果是因管理不善而丢失货品，公司则应及时与客服沟通，以赔偿等方式来解决问题。①差异追查后，应针对主因适当地调整与处理，至于呆、废品及不良品减损的部分需与盘亏一并处理；②物品除了盘点时产生数量的盈亏外，有些货品在价格上也会产生增减，这些变化在经主管审核后必须利用货品盘点盈亏及价目增减修改更正表。

盘盈、盘亏的处理如表5-4-14所示。

表5-4-14　盘盈、盘亏的处理

货品编号	货品名称	单位	账面资料			盘点实存			数量盈亏				数目增减				差异因素	负责人	备注
									盘盈		盘亏		增加		减少				
			数量	单价	金额	数量	单价	金额	数量	金额	数量	金额	单价	金额	单价	金额			

（5）分析盘点产生差异的原因并制定对策，请上级主管部门就盘点差异的处理办法进行批示。

思考讨论

为什么要进行盘点作业？

参考答案

任务五　出库后的在库作业——订单量预测

任务目标

通过本任务的学习，可以达成以下目标：

知识目标	1. 理解订单量预测的方法 2. 了解实施订单量预测的作用
技能目标	能利用算术平均法对具体出入库数据实施订单量预测
思政目标	具备科学的辩证思维、数学精神

任务发布

华源集团物流有限公司是一家集货物的储存、保养、配送等于一体的综合型物流公司，其具有先进的物流设施设备和物流信息化系统，可实现全过程的物流监控跟踪管理。在给客户提供优质、高效服务的同时，追求综合的物流成本效益，创造物流附加值、与客户实现共赢。

张丽经过不断学习和成长，已经成为一名合格的仓管员，能够与同事共同实施物流出入库作业，并且能针对具体的出入库数据实施储位的科学编码等。

最近，张丽在进行业务数据汇总和处理时发现，每次的订货数量要么不能满足出库，出现缺货情况；要么订货数量太多，占用货位时间太长。为了提高仓库的管理水平以及客户的满意度，公司决定根据仓库中 2022 年 8 月 2 日、4 日、6 日和 8 日四天的数据（每次的入库量及每次入库前的缺货量总和），运用算术平均法（如货物某次既无入库，也无缺货，则按"0"代入计算）预测出下一次每种货物的订货量（结果向大的数值取整，再按照下一次订货量的预测值从大到小排序）。

出入库日报表见表 5-5-1 ~ 表 5-5-4。

表 5-5-1　2022 年 8 月 2 日出入库日报表

序号	货物名称	入库量（箱）	生产日期	出库量（箱）
1	羽绒夹克	78	20220603	12

序号	货物名称	入库量（箱）	生产日期	出库量（箱）
2	派克大衣	100	20220603	
3	轻薄羽绒服	180	20220603	75
4	短款羽绒服	80	20220711	30
5	中长款鸭绒羽绒服	60	20220711	12
6	羊绒大衣	85	20220711	26
7	长款棉服	92	20220711	45
8	连帽假两件棉服	30	20220711	5
9	儿童长款羽绒服	80	20220711	24
10	儿童短款羽绒服	230	20220711	52
11	黑色连帽卫衣			20
12	天然蚕丝被	85	20220711	
13	超柔云绒被			24
14	高档床裙款四件套	200	20220712	56
15	珊瑚绒加厚毛毯			15

表 5-5-2 2022 年 8 月 4 日出入库日报表

序号	货物名称	入库量（箱）	生产日期	出库量（箱）
1	羊羔绒毛毯	50	20220612	20
2	针织薄毯			12
3	纯棉双层纱布浴巾	30	20220612	10
4	新疆棉速干浴巾	40	20220611	15
5	天然蚕丝被	40	20220611	19
6	短款羽绒服			12
7	中长款鸭绒羽绒服	60	20220611	23
8	羊绒大衣	10	20220611	3
9	长款棉服	35	20220611	7
10	连帽假两件棉服	80	20220711	20
11	羽绒夹克		20220711	10
12	派克大衣	50	20220711	
13	超柔云绒被	15	20220712	
14	手工蚕丝被	100	20220712	40

表 5-5-3　2022 年 8 月 6 日出入库日报表

序号	货物名称	入库量（箱）	生产日期	出库量（箱）
1	羊绒大衣	48	20220612	20
2	长款棉服	60	20220711	23
3	连帽假两件棉服	45	20220612	15
4	儿童长款羽绒服		20220711	19
5	儿童短款羽绒服	50	20220612	15
6	黑色连帽卫衣	70	20220711	30
7	户外冲锋衣	80	20220711	20
8	四件套全棉床上用品	50	20220711	12
9	天然蚕丝被	80	20220711	25
10	超柔云绒被	10	20220711	4
11	手工蚕丝被	40	20220711	8
12	羽绒夹克	80	20220617	23
13	派克大衣		20220611	8
14	轻薄羽绒服	200	20220517	60
15	短款羽绒服	10	20220517	
16	中长款鸭绒羽绒服	150	20220517	45
17	新疆棉速干浴巾		20220510	50

表 5-5-4　2022 年 8 月 8 日出入库日报表

序号	货物名称	入库量（箱）	生产日期	出库量（箱）
1	儿童长款羽绒服	50	20220612	40
2	儿童短款羽绒服	100	20220711	
3	黑色连帽卫衣	80	20220612	30
4	户外冲锋衣		20220711	38
5	四件套全棉床上用品	65	20220612	30
6	高档床裙款四件套	70	20220711	60
7	珊瑚绒加厚毛毯		20220611	40
8	儿童长款羽绒服	48	20220711	24
9	纯棉双层纱布浴巾	100	20220711	50
10	新疆棉速干浴巾	28	20220711	16
11	羽绒夹克	40	20220711	
12	派克大衣	80	20220617	46
13	轻薄羽绒服		20220711	16
14	短款羽绒服	240	20220617	60
15	中长款鸭绒羽绒服	96	20220617	48
16	连帽假两件棉服		20220617	80
17	手工蚕丝被	120	20220610	

任务引导

引导问题 1　你认为在什么情况下，仓库中需要实施补货？

引导问题 2　你觉得实施科学的盘点作业，对于现代物流仓储来说，有哪些好处？企业应如何实施盘点作业？

任务工单

订单量预测任务工单如表 5-5-5 所示。

表 5-5-5　订单量预测任务工单

任务名称：	
组长：	组员：
任务分工：	
方法、工具：	
任务步骤：	

任务实施

步骤一 分别计算 2022 年 8 月 2 日、4 日、6 日和 8 日的订货量

1. 计算 8 月 2 日的订货量

（1）根据任务发布中 8 月 2 日的出入库日报表，可得到 8 月 2 日发生出入库的货物主要有＿＿种。

（2）根据 8 月 2 日的出入库日报表，利用 Excel 进行入库量及入库前缺货量汇总，得到具体货物的总数据如表 5-5-6 所示。

表 5-5-6 2022 年 8 月 2 日货物量汇总表

序号	货物名称	8 月 2 日数据
1		
2		
3		
4		
5		
6		
7		
8		
9		
10		
11		
12		
13		
14		
15		

2. 计算 8 月 4 日的订货量

（1）根据任务发布中 8 月 4 日的出入库日报表，可得到 8 月 4 日发生出入库的货物主要有＿＿种。

（2）根据 8 月 4 日的出入库日报表，利用 Excel 进行入库量及入库前缺货量汇总，得到具体货物的总数据如表 5-5-7 所示。

表 5-5-7　2022 年 8 月 4 日货物量汇总表

序号	货物名称	8 月 4 日数据
1		
2		
3		
4		
5		
6		
7		
8		
9		
10		
11		
12		
13		
14		

3. 计算 8 月 6 日的订货量

（1）根据任务发布中 8 月 6 日的出入库日报表，可得到 8 月 6 日发生出入库的货物主要有____种。

（2）根据 8 月 6 日的出入库日报表，利用 Excel 进行入库量及入库前缺货量汇总，得到具体货物的总数据如表 5-5-8 所示。

表 5-5-8　2022 年 8 月 6 日货物量汇总表

序号	货物名称	8 月 6 日数据
1		
2		
3		
4		
5		
6		
7		
8		
9		
10		
11		

序号	货物名称	8月6日数据
12		
13		
14		
15		
16		
17		

4. 计算8月8日的订货量

（1）根据任务发布中8月8日的出入库日报表，可得到8月8日发生出入库的货物主要有____种。

（2）根据8月8日的出入库日报表，利用Excel进行入库量及入库前缺货量汇总，得到具体货物的总数据如表5-5-9所示。

表5-5-9　2022年8月8日货物量汇总表

序号	货物名称	8月8日数据
1		
2		
3		
4		
5		
6		
7		
8		
9		
10		
11		
12		
13		
14		
15		
16		
17		

步骤二　利用算术平均法计算下一期的订货量

1. 简单算术平均法的计算公式

2. 根据计算公式预测下一期的订货量

将第一步计算的第 4 期的数值代入公式中，可以计算出第 5 期的预测值，并按照预测值从大到小的顺序排列，如表 5-5-10 所示。

表 5-5-10　订货量预测表

序号	货物名称	下一次订货量预测
1		
2		

（注意：表格根据具体货物的数量按顺序添加）

步骤三　预测量汇总

根据任务要求，结合上述两步的计算，将各期的数值进行汇总，如表 5-5-11 所示。

表 5-5-11　订单预测汇总表

序号	货物名称	8 月 2 日数据	8 月 4 日数据	8 月 6 日数据	8 月 8 日数据	下一次订货量预测
1						
2						

（注意：表格根据具体货物的数量按顺序添加）

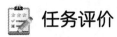 **任务评价**

学生自评表

班级		姓名		学号		
任务名称		出库后的在库作业——订单量预测				
评价项目（占比）	评价标准				分值	得分
考勤（10%）	无故旷课、迟到、早退（出现一次扣10分）				10	
	请假（出现一次扣2分）					
学习能力（10%）	合作学习能力	小组合作参与程度（优6分，良4分，一般2分，未参与0分）			6	
	个人学习能力	个人自主探究参与程度（优4分，良2分，未参与0分）			4	
工作过程（60%）	订货量汇总	能准确计算2022年8月2日、4日、6日和8日的订货量（每错一处扣2分）			16	
		能准确汇总不同日期的货物及其相应的订货量（每错一处扣10分）			10	
	预测订货量计算	能准确梳理简单算术平均法的计算公式（每错一处扣8分）			8	
		能利用算术平均法计算出具体货物的下一期订货量（每错一处扣2分）			16	
	订单量预测汇总	能准确汇总不同日期不同货物的预测订单量（每错一处扣10分）			10	
工作成果（20%）	成果完成情况	能按规范及要求完成任务环节（未完成一处扣2分）			10	
	成果展示情况	能准确展示订单量预测汇总表（失误一次扣5分）			10	
得分					100	

教师评价表

任务名称	出库后的在库作业——订单量预测					
授课信息						
班级		组别		姓名		学号

评价项目（占比）	评价标准		分值	得分
考勤（10%）	无故旷课、迟到、早退（出现一次扣10分）		10	
	请假（出现一次扣2分）			
学习能力（10%）	合作学习能力	小组合作参与程度（优6分，良4分，一般2分，未参与0分）	6	
	个人学习能力	个人自主探究参与程度（优4分，良2分，未参与0分）	4	
工作过程（60%）	订货量汇总	能准确计算2022年8月2日、4日、6日和8日的订货量（每错一处扣2分）	16	
		能准确汇总不同日期的货物及其相应的订货量（每错一处扣10分）	10	
	预测订货量	能准确梳理简单算术平均法的计算公式（每错一处扣8分）	8	
		能利用算术平均法计算出具体货物的下一期订货量（每错一处扣2分）	16	
	订单量预测汇总	能准确汇总不同日期不同货物的预测订单量（每错一处扣10分）	10	
工作成果（20%）	成果完成情况	能按规范及要求完成任务环节（未完成一处扣2分）	10	
	成果展示情况	能准确展示订单量预测汇总表（失误一次扣5分）	10	
得分			100	

❓ 任务反思

在完成任务的过程中，遇到了哪些问题，是如何解决的？

知识学习

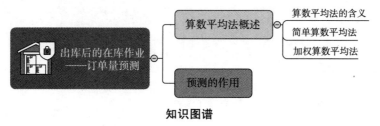

知识图谱

一、算术平均法概述

1. 算术平均法的含义

算术平均法是求出一定观察期内预测目标的时间数列的算术平均数作为下期预测值的一种最简单的时序预测法。

算数平均数的计算公式如下：

$$算数平均数 = \frac{标志总量}{单位总量}$$

2. 简单算术平均法

小知识：
简单算术
平均法的应用

简单算术平均法又称为算术平均法、全期平均法，就是用早期的实际观测值的算术平均值作为下一期的预测值。假设前 n 期的实际观测值为 $\{x_i \in X, i = 1, 2, \cdots, n\}$，则预测值 x_{n+1} 的计算公式为：

$$x_{n+1} = \frac{x_1 + x_2 + x_3 + \cdots + x_n}{n} = \frac{1}{n}\sum_{i=1}^{n} x_i$$

思考讨论

简单算术平均法适用于哪些范围呢？

3. 加权算术平均法

加权算术平均法就是根据观测数据的重要程度，分别赋予不同的权重（或称为权数），用观测数据乘以其权重的累加和与权重累加和之比作为下一期的预测值。假设前 n 期的实际观测值为 $\{x_i \in X, i = 1, 2, \cdots, n\}$，其对应的权重为 $\{w_i \in W, i = 1, 2, \cdots, n\}$，则预测值 x_{n+1} 的计算公式为：

$$x_{n+1} = \frac{w_1 x_1 + w_2 x_2 + \cdots + w_n x_n}{w_1 + w_2 + \cdots + w_n} = \frac{\sum\limits_{i=1}^{n} w_i x_i}{\sum\limits_{i=1}^{n} w_i}$$

在实际使用过程中，令 $0 < w_i < 1$，$\sum\limits_{i=1}^{n} w_i = 1$，则上式可简化为：

$$x_{n+1} = w_1 x_1 + w_2 x_2 + \cdots + w_n x_n = \sum_{i=1}^{n} w_i x_i$$

该方法的难度在于权重的获得。确定权重常用定性预测方法，一般情况下，离预测期越近，其权重越大。

加权算术平均法应用的两个条件分别是：

（1）各组标志值必须有差异。如果各组标志值没有差异，标志值成为常数，也就不存在权数了。

（2）各组的次数或比重必须有差异。如果各组次数或比重没有差异，意味着各组权数相等，权数成为常数，则不能起到权衡轻重的作用，这时加权算术平均数就等于简单算术平均数。

 知识拓展　扫描二维码，查看移动平均法。

移动平均法

二、预测的作用

预测在一个企业或者工厂中作用非常重要。如果将整个生产、销售都使用统计预测的模型量化，将会从各个方面提高企业运作效率。

（1）准确的预测可以提高客户满意度，提高企业的竞争力。如果企业根本没有预测，或是预测不准确，总是不能满足客户对交货期的要求。随着市场竞争的激烈，企业为此而丢失的订单会越来越多。

（2）准确的预测可以减少企业的库存，有效安排生产。对于任何一个企业而言，其流动资金都是有限的。无论是生产企业安排生产，还是贸易公司安排采购，都是在一定资金范围内进行的。

（3）准确的预测可以改善运输管理。根据预测进行运输安排，对于距离较近的经销商或客户，可以采用集中运输的方式，既可以节约运输成本，还可以减少运输时间，减少破损率。

（4）准确的预测可以使定价更合适，促销决策更有效。促销或者价格调整往往都是为了使销售数量增加，准确的预测可以使这些决策更具有针对性，从而提高决策的效率。

Project **Six**

项目六 **仓储安全管理**

任务一　商品的养护与安全

任务目标

通过本任务的学习，可以达成以下目标：

知识目标	1. 了解物品养护与安全的概念 2. 熟悉储存物品的一般养护技术 3. 掌握不同的物品养护办法
技能目标	1. 能选择正确的方式对物品进行养护 2. 能根据实际情况保证库存商品的安全
思政目标	具备认真细致的工作态度及分辨思考的能力

任务发布

目前，A 仓库作为普通品仓库保管有以下商品，身为仓库管理员，需要对这批物品进行妥善保管，请完成对表 6-1-1 中商品的养护及安全工作。

表 6-1-1　货品明细表

序号	货品条码	货品名称
1	6901285991219	得源软皮笔记本（A5）
2	6920174742640	撞色立领 polo 衫（男士）
3	6920174735994	立白新椰油精华洗衣皂
4	6910019021276	超能抹茶祛味食品用洗洁精
5	6910019020040	女士纯棉连体裙
6	6921168509256	农夫山泉（550mL）
7	6943052104562	上好佳原味奶糖 227g 袋装
8	6910019008345	一分水管转接头
9	6921317993790	康师傅茉莉蜜茶（500mL）
10	6921317998436	膨胀螺丝钉（5 号）
11	6902088934335	中华抗糖修护牙膏
12	6921168593583	小罐茶（红茶）
13	6902088934298	便携式折叠椅
14	6921168593576	瑜伽垫（粉色）
15	6922868286221	好爸爸无磷洗衣粉 5kg 袋装

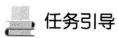 **任务引导**

引导问题 1 身为 A 仓库的工作人员，在不同季节对仓库存储的物资保管要求是否有所不同？为什么？

引导问题 2 生活中哪些物品容易发生霉变和腐烂？尝试举例说明。

任务工单

商品养护及安全工作任务工单如表 6-1-2 所示。

表 6-1-2 商品养护及安全工作任务工单

任务名称：	
组长：	组员：
任务分工：	
方法、工具：	
任务步骤：	

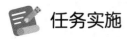

任务实施

步骤一 确定商品的分类

商品养护与安全是指商品在存储过程中所进行的保养与维护。商品养护与安全的基本原则就是根据库存物品的不同特性，创造适宜的储藏条件，以最大限度地避免和减少损耗。

1. 常见仓库货品类别分析

一般情况下，仓库货品可以分为普通货品与特殊货品两种，请根据所学知识列出常见的普通货品以及特殊货品，填制表6-1-3。

表6-1-3 货品品类分析

普通货品	特殊货品

2. 商品类别梳理

从已知条件可知，A仓库只开展普通商品的业务，请将任务中的商品填入普通货品分类对应表6-1-4内。

表6-1-4 物品分类

商品大类	具体货品名称
加工食品	
纺织服饰	
日用化工	
日用杂货	
五金材料	

步骤二　确定商品质量变化类型

1. 了解商品质量变化的方式与因素

（1）分析引起商品质量变化的方式。常见的引起商品质量变化的方式主要有物理变化、化学变化、生物变化。

（2）分析物理变化、化学变化、生物变化引起商品变化的表现及导致变化的因素。

1）物理变化引起商品变化的主要表现及导致变化的因素为：

2）化学变化引起商品变化的主要表现及导致变化的因素为：

3）生物变化引起商品变化的主要表现及导致变化的因素为：

（3）汇总商品质量变化的方式与因素表。结合上述的分析，汇总商品质量变化的方式与因素填入表6-1-5内。

表 6-1-5　商品质量变化的方式与因素

质量变化方式	变化表现	导致变化的因素
物理变化		
化学变化		
生物变化		

2. 结合具体商品的分类，确定可能出现的质量变化

（1）纺织服饰类商品，由于纺织材料的特殊性，可能会出现物理变化_____，化学变化_____，生物变化_____。

（2）日用化工类商品，由于化学材料的特殊性，可能会出现物理变化_____，化学变化_____，生物变化_____。

（3）加工食品类商品，由于食物的特殊性，可能会出现物理变化_____，化学变化_____，生物变化_____。

（4）日用杂货类商品，由于商品的特殊性，可能会出现物理变化_____，化学变化_____，生物变化_____。

（5）五金材料类商品，由于金属的特殊性，可能会出现物理变化_____

_____，化学变化_____，生物变化

_____。

步骤三　确定合适的物品养护方法

1. 针对不同商品的质量变化类型及变化因素，结合具体的养护方式提出有针对性的、合理的、科学的养护方式

（1）商品温湿度控制的具体养护方法为：

（2）防霉变的具体养护方法为：

（3）防鼠、虫、蚁的具体养护方法为：

（4）防老化的具体养护方法为：

（5）防锈蚀的具体养护方法为：

（6）防污染的具体养护方法为：

2. 具体商品养护方法的确定

结合任务中的商品情况，选择合适的商品养护具体方法填入表 6-1-6 内。

表 6-1-6　商品的养护方法

商品大类	具体货品名称	商品养护方法
加工食品	农夫山泉（550mL）、上好佳原味奶糖 227g 袋装、康师傅茉莉蜜茶（500mL）、小罐茶（红茶）	
纺织服饰	撞色立领 polo 衫（男士）、女士纯棉连体裙	
日用化工	立白新椰油精华洗衣皂、超能抹茶祛味食品用洗洁精、中华抗糖修护牙膏、好爸爸无磷洗衣粉 5kg 袋装	
日用杂货	得源软皮笔记本（A5）、便携式折叠椅、瑜伽垫（粉色）	
五金材料	一分水管转接头、膨胀螺丝钉（5号）	

任务评价

学生自评表

班级		姓名		学号	
任务名称		商品的养护与安全			

评价项目（占比）	评价标准		分值	得分
考勤（10%）	无故旷课、迟到、早退（出现一次扣10分）		10	
	请假（出现一次扣2分）			
学习能力（10%）	合作学习能力	小组合作参与程度（优6分，良4分，一般2分，未参与0分）	6	
	个人学习能力	个人自主探究参与程度（优4分，良2分，未参与0分）	4	
工作过程（60%）	确定商品的分类	能准确将商品分类，填入正确表格内（每错一处扣1分）	16	
	确定商品质量变化类型	能根据商品质量变化与因素表格确定任务商品可能会出现的质量变化类型，并填入空格内（每错一处扣1分）	22	
	确定合适的物品养护方法	能根据商品养护方法表格确定任务商品合适的养护方式，并填入空格内（每错一处扣2分）	22	
工作成果（20%）	成果完成情况	能按规范及要求完成任务环节（未完成一处扣2分）	10	
	成果展示情况	能准确展示商品养护方法（失误一次扣5分）	10	
得分			100	

教师评价表

任务名称				商品的养护与安全			
授课信息							
班级		组别		姓名		学号	

评价项目（占比）	评价标准		分值	得分
考勤（10%）	无故旷课、迟到、早退（出现一次扣10分）		10	
	请假（出现一次扣2分）			
学习能力（10%）	合作学习能力	小组合作参与程度（优6分，良4分，一般2分，未参与0分）	6	
	个人学习能力	个人自主探究参与程度（优4分，良2分，未参与0分）	4	
工作过程（60%）	确定商品的分类	能准确将商品分类，填入正确表格内（每错一处扣1分）	16	
	确定商品质量变化类型	能根据商品质量变化与因素表格确定任务商品可能会出现的质量变化类型，并填入空格内（每错一处扣1分）	22	
	确定合适的物品养护方法	能根据商品养护方法表格确定任务商品合适的养护方式，并填入空格内（每错一处扣2分）	22	
工作成果（20%）	成果完成情况	能按规范及要求完成任务环节（未完成一处扣2分）	10	
	成果展示情况	能准确展示商品养护方法（失误一次扣5分）	10	
得分			100	

？ 任务反思

在完成任务的过程中，遇到了哪些问题，是如何解决的？

....

....

....

....

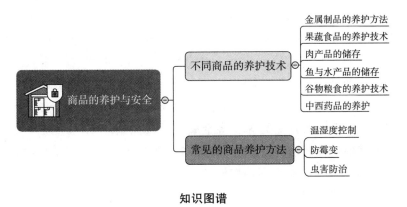

知识学习

知识图谱

一、不同商品的养护技术

1. 金属制品的养护方法

金属制品在储存期间发生锈性，是常见的现象，它不仅会影响外观质量，造成商品陈旧，而且会使其机械强度下降，从而降低其使用价值，严重者甚至报废。例如，各种刀具因锈蚀使其表面形成斑点、凹陷，难以平整并保持锋利；精密量具锈蚀，可能影响其使用的精确度。因此，就要对其进行养护处理。

（1）选择适宜的保管场所。保管金属制品的场所，无论在库内或库外，均应清洁干燥，不得与酸、碱、盐类气体或粉末等商品混存。不同种类的金属制品在同一地点存放时，也应有一定的间隔距离，防止发生接触腐蚀。

（2）保持库房干燥。相对湿度在60%以下，就可以防止金属制品表面凝结水分，生成电解液层而遭受电化学腐蚀。但相对湿度在60%以下较难达到，一般库房应将相对湿度控制在65%～70%。

（3）塑料封存。塑料封存就是利用塑料对水蒸气及空气中腐蚀性物质的高度隔离性能，防止金属制品在环境因素作用下发生锈蚀。常用的方法如下：

◎　塑料薄膜封存。塑料薄膜封存是用塑料薄膜直接在干燥的环境中封装金属制品，或封入干燥剂以保持金属制品的长期干燥，不致锈蚀。

◎　收缩薄膜封存。收缩薄膜封存是将薄膜纵向或横向拉伸几倍，处理成收缩性薄膜，使其包装商品时会紧紧黏附在商品表面，既可防锈又可减少包装体积。

◎　可剥性塑料封存。可剥性塑料封存是以塑料为成膜物质，加入增塑剂、稳定剂、缓蚀剂及防霉剂等加热熔化或溶解，喷涂在金属表面，待冷却或挥发后在金属表面可形成保护膜，阻隔腐蚀介质对金属制品的作用，达到防锈的目的，是一种较好的防锈方法。

（4）涂油防锈。涂油防锈是金属制品防锈的常用方法。它是在金属表面涂刷一层

11

油脂薄膜，使商品在一定程度上与大气隔离，达到防锈目的。这种方法省时、省力、节约、方便且防锈性能较好。涂油防锈一般采取按垛、按包装或按件涂油密封。涂油前必须清除金属表面灰尘污垢，涂油后要及时包装封存。防锈油是以油脂或树脂类物质为主体，加入油溶性缓蚀剂所组成的暂时性防锈涂料。防锈油中的油脂或树脂类物质为涂层和成膜物质，常用的有润滑油、凡士林、石蜡、沥青、桐油、松香及合成树脂等；油溶性缓蚀剂是既有极性基团，又有非极性基团的有机化合物（如硬脂酸、石油脂等），也是能溶于油脂的表面活性剂。常用的油溶性缓蚀剂有石油磺酸、二壬基萘磺酸、硬脂酸铝、羊毛脂及其皂类等。将金属制品浸涂或热刷防锈油，可以在一定的时间内，隔绝大气中的氧、水分及有害气体对金属制品的侵蚀，以防止或减缓锈蚀。

（5）气相防锈。气相防锈是利用挥发性缓蚀剂，在金属制品周围挥发出缓蚀气体，来阻隔腐蚀介质的腐蚀作用，以达到防锈目的。气相缓蚀剂在使用时不需涂在金属制品表面，只用于密封包装或置于容器中，因其是一种挥发性物质，在很短时间内就能充满包装或容器内的各个角落和缝隙。气相防锈既不影响商品外观，又不影响使用，也不污染包装，是一种有效的防锈方法。

金属制品在选择防锈材料及方法时，应根据其特点、储存环境条件、储存期的长短等因素，同时还要考虑相关的成本及防锈施工的难易，以达到较好的防锈效果。

2. 果蔬食品的养护技术

（1）利用自然冷源储藏。它是利用和调节自然低温，使储藏场所维持较低温度进行储藏的方法，包括堆藏、沟藏、窖藏、通风库储藏、冻藏等。

（2）化学防腐保鲜。它是在食品生产和储运过程中使用化学制品来提高食品的耐藏性，尽量保持其原有品质的措施。

（3）气调储藏。气调储藏是通过改变库内气体成分的含量，显著地抑制果蔬的呼吸作用，延缓变软、变质及其他衰老过程。

（4）辐射保藏。食品辐射保藏就是利用射线的辐射能量，对果蔬食品进行杀菌、杀虫、抑制发芽、延迟后熟等处理。

（5）电子保鲜储藏。电子保鲜储藏是运用高压放电，在储存果蔬食品的空间产生一定浓度的臭氧和空气负离子，使果蔬生命活体的酶钝化，从而降低果品的呼吸强度。

3. 肉产品的储存

肉产品可采取低水分干燥保鲜、加热处理、发酵处理储存方法。

4. 鱼与水产品的储存

鱼与水产品传统的储存方法主要有盐藏保鲜，同时有冷海水保鲜、微冻保鲜、防腐剂保鲜、活鱼暂养等保鲜方法。

5. 谷物粮食的养护技术

谷物粮食一般采取干燥养护技术、通风与密闭养护技术、低温养护技术、气调养护技术、"双低"养护技术和"三低"养护技术。

6. 中西药品的养护

（1）养护特性。在中西药品的养护过程中，影响药品质量的因素很多，如日光、空气、湿度、温度、时间及微生物等。并且各种因素互相促进、互相影响，加速药品变质。

（2）养护技术。中西药品可采取以下养护技术：易受光线影响而变质的药品的养护技术，易受湿度影响而变质的药品的养护技术，易受温度影响而变质的药品的养护技术，中草药材的养护技术，易燃、易爆危险药品的养护技术，特殊药品的养护技术。

二、常见的商品养护方法

1. 温湿度控制

影响仓储商品质量变化的环境因素有很多，其中最重要的是仓库的温湿度。温度是指物体（包括空气）的冷热，湿度是指空气中水蒸气的含量。

商品对温度和湿度都有一定的适应范围，如果超过此范围，就会产生不良影响，甚至发生质的变化。过高、过低的温度和过于潮湿的空气，对商品的储存保养是不利的。温湿度控制的方法有密封、通风、吸湿和升温降温等。

（1）密封是利用一些不透气、能隔热、能隔潮的材料，把商品严密地封闭起来，以隔绝空气，降低或减少空气温湿度变化对商品的影响，以达到防潮、防锈蚀、防霉、防虫、防热、防冻及防老化等综合效果。密封的形式有整库密封、整垛密封、整柜密封、整件密封。

（2）通风是利用库内外空气对流，达到调节库内温湿度的目的。通风既能起到降温、降潮和升温的作用，又能排除库内的污浊空气，使库内空气达到适宜于储存商品的要求。通风方式有自然通风和机械通风两种。

（3）吸湿即利用吸湿剂减少库房的水分，从而降低库内湿度。在梅雨季或阴雨天，库内湿度过大，为保持库内干燥，可以放置吸湿剂。常用的吸湿剂有生石灰、氯化钙、氯化锂、硅胶、木灰、炉灰等。

（4）升温、降温。当库房不能用自然通风的方式来调节温度时，可用暖气设备或空调设备进行机械升温或降温。

（5）防潮。检查所有仓库库顶、装卸雨篷、以往的漏雨点是否已经被有效密封，检查仓库门、窗关闭后密封是否完整，设置抽水设备。

2. 防霉变

霉变是仓储商品质量变化的主要形式，霉变产生的条件：商品受到霉变微生物污染，其中含有可供霉变微生物利用的营养成分（由有机物构成的商品，如布料、皮革、食品等），并处在适合霉变微生物生长繁殖的环境下。霉变的防治措施有常规防霉、药剂防霉和气相防霉三种。

（1）常规防霉。常规防霉可以采用低温防霉法与干燥防霉法。低温防霉法就是根据商品的不同性能，控制和调节仓库温度，使商品温度降至霉菌生长、繁殖的最低温度界限以下来抑制其生长；干燥防霉法就是降低仓库环境中的湿度和商品本身的含水量，使霉菌得不到生长繁殖所需要的水分，以达到防霉变的目的。

（2）药剂防霉。药剂防霉是将对霉变微生物具有杀灭或抑制作用的化学药品散布或喷洒到商品上，防霉药剂能够直接干扰霉菌的生长繁殖。常用的有水杨酸苯胺、五氯酚钠、氯化钠、多菌灵、托布津等。

（3）气相防霉。气相防霉是利用气相防霉剂散发出的气体，抑制或毒杀商品上的霉菌。用法是把挥发物放在商品的包装内或密封内。

3. 虫害防治

（1）物理防治。

小提示：
仓库防霉措施

◎ 入出库前严格检查、彻底清洁。入出仓库物料，应彻底清扫、消毒和封严，严禁外界虫源侵入，还应注意将虫蛀或带虫卵的物料挑出处理，严禁将虫源带入仓库或从仓库发出。车间也应对物料再次严格检查、再次彻底清洁，杜绝将虫源带入生产车间，并建立相应的防治措施。

◎ 高温暴晒法。对于一些不需避光保存的原料、辅料和包装材料，可以用太阳暴晒的方法防虫。在空气温度低的情况下，利用太阳光的高热和紫外线效能，不但可以使物品干燥，而且能将害虫晒死。例如，谷盆虫被暴晒至 46~47℃，只能生存 8~9 小时；晒至 50℃，3~5 小时即死亡。有些害虫虽不能被晒死，也会因难耐高温而逃走。太阳暴晒法简单易行，易于操作，节约成本。此外，还可以利用烘箱、烘房或烘干机，将已生虫的物料放入其中，将温度升高至 50~60℃，经过 1~2 小时，即可将害虫杀死。

◎ 低温冷冻法。对于一些量少的贵重药品，可以利用低温将害虫或虫卵杀死，温度越低，所需时间越短。在冬季，如果库房的通风设备良好，则可不必将药品搬出库外，选干燥天气，将库房的所有门窗打开，使空气对流，以达到冷冻目的。

◎ 气调杀虫法。通过充氮降氧的气调法，使容器内氧的浓度降到 0.4%，则可杀死所有的害虫。另外也可充 CO 气体，同样达到杀虫效果。

◎ 远红外线辐射杀虫法。利用远红外线辐射，不仅能使物品干燥，而且还能有效地杀死干燥物品上的微生物、虫卵，以达到杀虫的目的。

◎ 微波干燥杀虫法。微波不仅能干燥物品，还能杀菌杀虫。

◎ 扑蝇灯诱杀虫法。利用鳞翅目仓储害虫成虫（蛾类）的趋光习性，在库内或临近的地方装置扑蝇灯，夜间开灯引诱害虫，使其扑灯而死。该法简单，成本低廉。

（2）化学防治。

◎ 除虫菊杀虫法。除虫菊为多年生草本植物，90%的有效成分含于白色花中。除虫菊杀虫的优点是能直接将药液喷洒于药品上或其包装上，使害虫中毒快。此法操作安全，无残毒污染，密封效果最好，但不持久。

◎ 毒饵诱杀虫法。选择害虫喜爱的麦、米、油饼等做诱料，加入适量的杀虫药剂制成毒饵，用以诱杀害虫。将诱料加热炒香，或加入少量的香葱共炒，再加入浓度为 0.1%的除虫菊酯或 0.5%~1%的敌百虫水溶液，使诱料吸附后晾干即成。将毒饵用纸摊开，放在物品堆空隙之间，每过几天清除虫体一次。此法持续时间长，杀虫效果较好。

◎ 化学药品熏蒸杀虫法。利用化学药品处理药品必须首先考虑到药剂对害虫有效而不影响物品质量且对人体安全。常用的杀虫剂主要有以下几种：

● 氯化苦：化学名为三氯硝基甲烷，是一种无色或略带黄色的液体，有强烈的气味，几乎不溶于水。当室温在20℃以上时能逐渐挥发，其气体比空气重，渗透力强，无爆炸燃烧的危险，为有效的杀虫剂。通常采用喷雾法或蒸发法密闭熏蒸 2~3 个昼夜。本品对人体有剧毒，对上呼吸道有刺激性，有强烈的催泪性，使用者应配戴防护面具。

● 磷化铝：纯品为黄色结晶，工业品为浅黄色或灰绿色固体，在干燥条件下很稳定，但易吸潮分解，产生有毒气体，故应干燥防潮保存。利用本品吸潮后产生磷化氢的性质，可进行仓库密闭熏蒸杀虫。

（3）生物防治。

有的化学药剂防治害虫会带来残毒，甚至失去药效，故有些情况下采用生物防治法较为理想。如可将农田以虫治虫的技术应用到仓储害虫防治中。仓储害虫的天敌主要有姬蜂、米象小蜂、拟蝎、食虫蟒象等。

任务二　仓库的安全管理

任务目标

通过本任务的学习，可以达成以下目标：

知识目标	1. 了解仓库安全管理的重要性 2. 掌握仓库安全管理的主要内容 3. 掌握仓库消防治安管理的防火措施和灭火方法 4. 掌握仓库内常见的灭火器
技能目标	1. 能识别仓库中的不安全因素 2. 能基于仓库内的不安全因素提出改善措施
思政目标	具备认真细致的工作态度及较强的组织协调能力

任务发布

华源物流集团拟在 A 园区建设仓库，该仓库计划为所在区域的超市提供仓储配送服务，仓储管理员根据客户订单的货品要求进行仓库的安全管理。

任务引导

引导问题　在仓库内进行的仓库安全管理主要业务有哪些？尝试举例说明。

任务工单

仓库的安全管理任务工单如表 6-2-1 所示。

表 6-2-1　仓库的安全管理任务工单

任务名称：	
组长：	组员：
任务分工：	
方法、工具：	
任务步骤：	

 任务实施

步骤一　现场检查仓库安全情况

仓储主管与安全员共同对仓库现场进行安全检查，请结合给出的不安全图片，列出其具体的安全隐患（见表 6-2-2）。

表 6-2-2　仓库安全情况分析

序号	仓库安全情况记录	安全隐患具体描述
1		
2		

序号	仓库安全情况记录	安全隐患具体描述
3		
4		
5		
6		
7		

步骤二　仓库安全隐患改善措施提出

1. 货品存储区安全问题总结及改善措施提出

（1）基于现场安全情况的记录，仓储主管梳理出货品存储区域主要存在的安全问题：

（2）基于以上安全问题，仓储主管提出改善措施：

2. 设备存放区安全问题总结及改善措施提出

基于现场安全情况的记录，仓储主管梳理出货品存储区域主要存在的安全问题为叉车停放不规范、不整齐。其具体的改善措施为：

3. 消防设施安全问题及改善措施提出

（1）基于现场安全情况的记录，仓储主管梳理出消防设施主要存在的安全问题：

（2）仓储主管提出的整改措施：

4. 仓库建筑及周边安全问题及改善措施提出

（1）基于现场安全情况的记录，仓储主管梳理出仓库建筑及周边存在的安全问题：

（2）仓储主管提出的整改措施：

步骤三　仓库安全情况分析

1. 分析仓库安全问题出现的原因

基于所学知识，分析仓库中出现安全隐患及安全问题的主要原因有哪些。

2. 改善措施提出

基于所学知识，提出合理、科学的改善措施。

任务评价

学生自评表

班级		姓名		学号		
任务名称		仓库的安全管理				
评价项目（占比）		评价标准			分值	得分
考勤（10%）	无故旷课、迟到、早退（出现一次扣10分）				10	
	请假（出现一次扣2分）					
学习能力（10%）	合作学习能力	小组合作参与程度（优6分，良4分，一般2分，未参与0分）			6	
	个人学习能力	个人自主探究参与程度（优4分，良2分，未参与0分）			4	
工作过程（60%）	现场检查仓库安全情况	能根据仓库安全记录内容准确描述具体的安全隐患（每错一处扣1分）			8	
	仓库安全隐患改善措施提出	能准确分析货品存储区的安全问题，并提出改善措施（每错一处扣2分）			8	
		能准确分析设备存放区的安全问题，并提出改善措施（每错一处扣2分）			8	
		能准确分析消防设施安全问题，并提出改善措施（每错一处扣2分）			8	
		能准确分析仓库建筑及周边的安全问题，并提出改善措施（每错一处扣2分）			8	
	仓库安全情况分析	能准确分析仓库安全问题出现的原因（每错一处扣2分）			10	
		能针对仓库安全问题提出改善措施（每错一处扣2分）			10	
工作成果（20%）	成果完成情况	能按规范及要求完成任务环节（未完成一处扣2分）			10	
	成果展示情况	能准确展示仓库安全情况分析表以有针对性地改善仓库安全措施（失误一次扣5分）			10	
得分					100	

教师评价表

任务名称	仓库的安全管理						
授课信息							
班级		组别		姓名		学号	

评价项目（占比）	评价标准		分值	得分
考勤（10%）	无故旷课、迟到、早退（出现一次扣10分）		10	
	请假（出现一次扣2分）			
学习能力（10%）	合作学习能力	小组合作参与程度（优6分，良4分，一般2分，未参与0分）	6	
	个人学习能力	个人自主探究参与程度（优4分，良2分，未参与0分）	4	
工作过程（60%）	现场检查仓库安全情况	能根据仓库安全记录内容准确描述具体的安全隐患（每错一处扣1分）	8	
	仓库安全隐患改善措施提出	能准确分析货品存储区的安全问题，并提出改善措施（每错一处扣2分）	8	
		能准确分析设备存放区的安全问题，并提出改善措施（每错一处扣2分）	8	
		能准确分析消防设施安全问题，并提出改善措施（每错一处扣2分）	8	
		能准确分析仓库建筑及周边的安全问题，并提出改善措施（每错一处扣2分）	8	
	仓库安全情况分析	能准确分析仓库安全问题出现的原因（每错一处扣2分）	10	
		能针对仓库安全问题提出改善措施（每错一处扣2分）	10	
工作成果（20%）	成果完成情况	能按规范及要求完成任务环节（未完成一处扣2分）	20	
	成果展示情况	能准确展示仓库安全情况分析表以有针对性地改善仓库安全措施（失误一次扣5分）	10	
得分			100	

任务反思

在完成任务的过程中，遇到了哪些问题，是如何解决的？

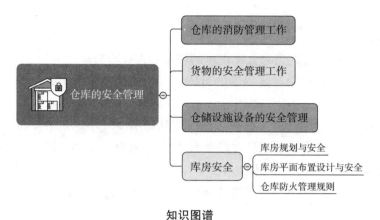

知识学习

知识图谱

一、仓库的消防管理工作

仓库消防工作员工认真贯彻执行"以防为主、以消为辅、消防结合"的方针，采取积极有效的措施加强防范，消除火灾隐患，杜绝火灾的发生，保证储存物资的安全。

1. 燃烧的条件

火灾的发生，必须同时具备 3 个条件：可燃物质、助燃物质及着火源。可燃物质包括火柴、草料、棉花、纸张、油品等；助燃物质，一般指空气中的氧气和氧化剂；着火源是指能引起可燃物质燃烧的热能源，如明火、电气火、摩擦冲击产生的火花等。以上三个条件必须同时具备，并且相互作用才能发生燃烧。因此，仓库防火和灭火的基本原理和一切防火措施都是为了破坏已经产生的燃烧条件。

2. 火源的种类

仓库内存放着大量物资，如果大部分物资是可燃物资，那么物资就是引起火灾的因素之一，但决定因素是火源。在仓库中能引起火灾的着火源很多，常见的有以下几种：

（1）明火与明火星。明火与明火星有生产、生活活动使用的炉火、灯火、焊接火，火柴、打火机火焰，未熄灭的烟头、火柴梗的火星，车辆、内燃机械的排烟管火星，飘落的未熄灭的烟花爆竹等。

（2）电火花。由于电线短路、用电超负荷、漏电引起的电路电火花，电器设备的电火花，电器设备升温等引起燃烧。

（3）雷电与静电。雷电是带有不同电荷的云团接近时瞬间放电而形成的电弧，电弧的高能量可引起可燃物燃烧。静电则是因为摩擦、感应使物体表面电子大量集结，向外以电弧的方式传导的现象，同时也能使易燃物燃烧。

（4）自燃。自燃是指在既无明火又无外来热源的条件下，货物本身自行发热，燃烧起火。

（5）加热引起的火灾。棉布、纸张靠近灯泡，木板、木器靠近火炉烟道就容易被烤焦起火。

3. 灭火的方法

各种灭火方法必须根据当时火灾现场的环境和需要恰当地运用。

（1）隔离法。将燃烧物与其周围的可燃物隔离或把周围的可燃物移开，把火控制在一定的范围内。

（2）窒息法。阻止空气流入燃烧区域，使其周围空气中的氧浓度低于维持物质燃烧的浓度，从而使燃烧物得不到足够的氧气而终止燃烧。例如，用不燃烧的砂子、石棉布、浸透水的毛毯等覆盖在燃烧物上。

（3）冷却法。冷却火源。冷却燃烧区的温度，使其温度下降到可燃物质的燃点以下而使火熄灭。例如，用水冷却火源。

（4）拆除法。拆除法（破坏法），是用人力拆除部分建筑进行灭火的方法。当火场毗连的一小部分建筑物不能用水灭火时，可以用挠钩、斧、铲等拆除建筑物的构架，并用拆除的泥土、瓦、石等压服火势，也能使火熄灭。

（5）分散法。分散法是将燃烧区和火场附近尚未燃烧的可燃物质搬走，用分散可燃物质的方法，以破坏燃烧条件的一种灭火方法。

（6）化学中断法。用化学物品使可燃气体转化的方法来阻止火焰燃烧、连锁反应的进行，从而使火熄灭。如用1211、干粉等灭火。

4. 不能用水扑救的火灾

水是常用的灭火物质，但有一定的使用范围，下列火灾不能用水扑救：

（1）易燃液体和油类物质。如汽油、苯、煤油等着火，此类易燃液体的比重一般都比水小，又不溶于水，若用水去扑救往往使这类物质浮到水面上继续燃烧，则不能起到灭火作用。

（2）忌水物质。如电石、生石灰、金属钾、钠等着火。这些物质会与水起强烈的化学反应，产生大量的热，或产生能自燃的气体，使火势更加炽烈，甚至爆炸。

（3）电气设备或带电系统着火。如未切断电源，用水施救会造成触电或爆炸事故。

（4）在火势大、水量不足的情况下。少量的水遇热后急剧地变成水蒸气，通过灼热的焦炭，使水蒸气还原成一氧化碳和氢的混合物，即水煤气，水煤气是可燃气体，会使火势更大。

（5）精密仪器不能用水扑救。高温的仪器被水急骤冷却后会变形，影响仪器的精密度和灵敏度。

5. 几种常用的灭火器

（1）泡沫灭火器。泡沫灭火器是通过筒内酸性溶液与碱性溶液混合后发生化学反应，喷射出泡沫，覆盖在燃烧物表面上，隔绝空气，起到灭火作用的工具。它适用于扑救油脂类、石油产品及一般固体物质的初期火灾。

（2）酸碱灭火器。酸碱灭火器利用浓硫酸和碳酸氢钠两种药液混合后喷射出来的液体扑灭火焰。适用于扑灭竹、木、棉、毛、草、纸等一般可燃物质的初期火灾，但不宜用于油类引起的火灾，忌水、忌酸物质及电气设备的火灾。

（3）干粉灭火器。干粉灭火器是以高压二氧化碳作为动力，用喷射干粉来灭火的灭火工具。适用扑救石油及其产品、可燃气体和电器设备的初期火灾。

（4）二氧化碳灭火器。主要适用于扑灭贵重设备、档案资料、仪器仪表、600V以下的电器及油脂的火灾。二氧化碳灭火不导电、不损害物质、不留污迹，但在室外效果欠佳。

（5）1211灭火器。1211灭火器是一种轻便、高效的灭火器材，适用于扑救油类、精密机械设备、仪表、电子仪器、文物、图书、档案等贵重物品的初期火灾。

6. 仓库防火措施

（1）严格把关、严禁将火种带入仓库。库区内严禁吸烟、严禁用明火炉取暖。存货仓库内严禁明火作业。库房内不准设置和使用移动式照明灯具。库房内不得使用电炉、电烙铁等电热器具和电视机、电冰箱等家用电器。库房不得作为办公场所和休息室。

（2）严格管理库区明火。库房外使用明火作业，必须按章进行，在消除可能发生火灾的条件下，经主管批准，在专人监督下进行，明火作业后彻底消除明火残迹，库区内的取暖、烧水炉应设置在安全地点，并由专人看管。库区及周围50米范围内，严禁燃放烟花爆竹。

（3）电气设备防火。库区内的供电系统和电器应经常检查，发现老化、损害、绝缘不良时及时更换。每个库房应该在库房外单独安装开关箱，保管人员离库时，必须拉开电闸断电。使用低温照明的不能改为高温灯具，防爆灯具不得改用普通灯具。

（4）作业机械防火。进入库区的内燃机械必须安装防火罩，电动车要装设防火星溅出装置；蒸汽机车要关闭灰箱和送风器；车辆装卸货物后，不准在库区、库房、货场内停放，更不得在库内修理；作业设备会产生火花的部位要设置防护罩。

（5）入库作业防火。在装卸、搬运作业时，作业人员不得违章采用滚动、滑动、翻滚、撬动的方式作业，不使用容易产生火花的工具；避免跌落、撞击货物；对容易产生静电的作业，要采取消除静电措施；货物入库前，要专人负责检查，确定无火种隐患后方准入库，如无升温发热、无燃烧痕迹、无焦味等；对已升温的货物，采取降温措施后才能入库。

（6）安全选择货物。货物要分类、分垛储存。根据货物的消防特性选择合适的货位，如低温位置、通风位置、光照位置、方便检查位置、干燥位置、少作业位置等。

（7）保留足够安全间距。货垛大小合适，间距符合要求。堆场堆垛应当分类、分堆、分组和分垛，按照防火规范的防火距离的要求保留间距。库房内按类分垛，每垛占地面积不宜大于100平方米，垛间距不少于1米，垛与墙间距不少于0.5米，垛与梁、柱的间距不小于0.3米，货垛与水暖取暖管道、散热器间距不小于0.3米，库内主要通道的宽度不小于 2 米。在照明灯具下方不得堆放物品，其垂线下方与存货品间距不得小于 0.5 米，电气设备周围间距保留 1.5 米，架空线路的下方严禁堆放货物。不得占用消防通道、疏散楼梯存放货物和其他物品。不得围堵消防器材。

（8）货物防火保管。对已入库货物的防火保管是仓库保管的重要工作，仓库管理人员应经常检查仓库内的防火情况，按防火规程实施防火作业。经常检查易自燃货物的温度，做好仓库通风。对货场存放较久的货物时常掀开部分苫盖通风、除湿。气温高时对易燃液体、易燃气体洒水降温。烈日中苫盖好货物，阻止阳光直射入仓库或反射入仓库照射货物。经常查看电气设备工作状态，及时发现不良情况。仓库保管中发现不安全情况及时报告，迅速采取有效措施，消除隐患。

（9）危险品仓库的防火。危险品仓库对消防工作有更高的要求，拖拉机不得进入，仓库内使用防爆作业设备。使用防爆电气，特别危险的危险仓库不得接入电，人员穿戴防静电服装作业，且不得在库内停留。

7. 仓库卫生管理（5S 管理）

仓库的卫生管理包括整理、整顿、清扫、清洁、素养五项内容。这种现场管理方法的目的在于通过整理、整顿、清扫、清洁和素养来保持良好的环境卫生，实现管理水平的提高，来保证设备的可靠运行及产品质量的可靠，以达到创造出一个有规律的、干净的、能目视管理的、高效高质的作业场所。仓库卫生管理的具体内容如下：

（1）整理。将工作场所内的物品分类，区分要与不要的物品，并把不要的物品坚决清理掉。整理是提高生产效率的开始，其目的是腾出更大的空间，防止物品混用、误用，创造一个干净的工作场所。

（2）整顿。将必要的物品以容易找到的方式放置于固定场所，并做好适当的标志，最大限度地消除寻找耗时。

（3）清扫。工作场所，设备彻底清扫干净，使工作场所保持一个干净、宽敞、明亮的环境，使不足、缺点凸显出来。其目的是维护生产安全，减少工业灾害，保证品质。

（4）清洁。经常性地做整理、整顿、清扫工作，并对以上三项活动进行定期与不定期的监督检查，使现场保持干净整洁。

（5）素养。每个员工都应当养成遵章守纪的良好工作习惯，并且具有积极主动的工作态度，富有团队合作精神。

8. 仓库其他消防治安措施

（1）防雷。仓库是货物储运和检修的场所，一旦受到雷击，就会造成重大损失。因此，必须采取相应的防雷措施，保护仓库的安全。常见的防雷装置有避雷针、避雷线、避雷网、避雷带及避雷器等。

一般应在仓库易受雷击部位安装避雷装置，使被保护仓库和突出库房屋面的物体，均处于接闪器的保护范围之内；仓库内的金属制品和突出库房屋面的金属物应接到防雷电感应的接地装置上；低压架空线宜用长度不小于 50 米的金属铠装电缆直接埋地引入，入户端电缆的金属外皮应与防雷接地装置相连，电缆与架空线连接处，还应装置阀型避雷器。仓库及通过仓库的输油管线的避雷设施要安装完整。一般避雷网、避雷带及其引下导线的截面积应不小于 50 平方米，埋入地下接地体要达 100 平方米，接地深度不应小于 0.5 米。接地线要有良好的导电作用，必要时，如山地石层处，可经常加些食盐水。

（2）防静电。爆炸物和油品应采取防静电措施。静电的安全应由懂得相关技术的专人管理，并配备必要的检测仪器，发现问题及时采取措施。

所有防静电设施都应保持干净，防止化学腐蚀、油垢沾污和机械碰撞损坏。每年应对防静电设施进行 1 次或 2 次的全面检查，测试应当在干燥的气候条件下进行。

（3）电气。按对火灾和爆炸危险场所分级确定对电气设备和线路的管理。库房及其他场所应在工作结束后切断电源。电气设备除经常性检查外，每年至少应当进行两次绝缘检查，发现问题及时处理。要防止配电线路短路、过载等情况的发生，禁止使用不合格的保险装置，禁止私接电器，凡有爆炸品的仓库不准使用碘钨灯和日光灯。吸湿机在开机时，机身应离堆垛 1 米以上，排风口处不得堆垛，并应有专人看守，做到人走机停。

（4）防汛。洪水和雨水是一种自然现象，时常会对货物的安全仓储带来不利影响，所以应认真做好仓库防汛工作。在仓储企业的防汛工作中应注意抓好以下几点：

◎ 建立企业内的防汛组织。特别是在汛期来临之前，组成临时性的防汛组织，并应由经理直接领导。

◎ 积极防范。日常应经常性地进行防汛教育，汛期则应加强值班，职工轮流守库，领导坐镇一线，统一指挥，组织抢救。

◎ 掌握信息。要及时了解汛情的变化，以减少防汛措施的盲目性。

◎ 改善储存条件。对陈旧的仓库应该注意改造排水设施，提高货位；新建仓库应考虑历年汛情的影响，使仓库设施能抵御雨汛的影响。

◎ 做到有备无患。汛期前应该注意储备防汛物资，如水泵、草（麻）袋、土石等，避免汛期来临时措手不及。

二、货物的安全管理工作

货物的安全管理工作主要是防范货品由于本身的化学成分、结构特点和理化性质的不同，以及受阳光、温度、湿度等客观条件的影响而发生的霉烂变质、虫蛀鼠咬、自燃爆炸、火灾、水淹和丢失等事故。为切实做好商品的安全管理工作，应着重从以下几个方面入手：

◎ 加强商品养护知识的培训教育。

◎ 根据商品的性质、特点和保管条件要求等设计商品的保管环境。

◎ 选用适当的仓储设施与设备。

◎ 采取有效的防水措施。

◎ 采取有效的防鼠措施。

◎ 采用功能完善的仓储管理软件，做好商品的全方位管理，如对各种商品保质期限进行提前预警等。

◎ 积极采用先进、科学的管理技术手段，如自动防盗、防火监控系统等。

三、仓储设施设备的安全管理

仓储设施设备是指与仓储活动有关的所有设备与设施，包括仓库本身、储存货架、搬运输送机械（叉车、搬运平台车、自动导引车辆、输送机、堆垛机等）、商品检验计量器具等。在使用这些设备时，应严格按照设备使用的技术要求进行操作。做好设备设施的安全管理工作，应从以下几方面着手：

◎ 做好设备选购，在进行设备选购时，必须进行广泛的市场调研，在保证设备使用性能的前提下，选择合适且安全性能良好的设备。

◎ 做好设备设施的技术使用培训工作，为保证设备的正常使用，必须对设备的使用者和管理者进行有关设备的知识培训，同时设备工作要由专人进行指挥。

◎ 制定设备设施的安全检查保养制度，并严格实施。

四、库房安全

1. 库房规划与安全

（1）库址选择与安全。

◎ 地质条件。考察所选地址的地基承载力是否满足要求，是否有不良地质现象。

◎ 水文条件。仓库如果建造在沿江靠海地区时，在选择库址时一定要考虑各种水文条件，如洪水侵患、年降水量的不均匀性、河流流速变化、水流对河岸的冲刷等以及河床泥沙的淤积等。

◎ 气候条件。温度、湿度管理是仓储物资管理的重要工作，是保证物资质量完好的重要措施。因此，在仓库设计时应充分考虑气候条件对仓储物资的影响。

◎ 地形条件。地形条件也是仓库规划时必须考虑的一个重要条件。

◎ 交通运输条件。交通运输是仓库建设的重要条件，所以在进行仓库规划时就应根据目前的具体情况、仓库将来的对外运输方式（公路、铁路、水路）来规划布置。

（2）库房平面布置设计与安全。

◎ 满足防火要求。进入库区的通路不宜少于两条，以便火灾发生时安全疏散和尽快扑灭火势。

◎ 根据库房所储物资的火灾危险性类别，周围建筑物的耐火等级，确定建筑物间必要的防火间距。

◎ 为了保证防火安全和良好的卫生条件，平面布置设计时要选择有利的风向，把有明火作业的场所（如锅炉房）布置在可经常排放可燃蒸气和可燃粉尘地区的上风方向。

2. 库房安全管理规章制度（仓库"十不准"）

◎　不准设办公室。

◎　不准设休息室。

◎　不准住人。

◎　不准用可燃材料搭建隔层。

◎　不准使用碘钨灯。

◎　不准使用日光灯。

◎　不准使用电熨斗。

◎　不准使用电炉子。

◎　不准使用电烙铁。

◎　不准使用 60 瓦以上的灯泡。

3. 仓库防火管理规则

◎　仓库应当设置醒目的防火标志，库区严禁吸烟和明火作业。

◎　仓库内应当按照国家有关消防技术规范设置和配备消防设施和器材。

◎　库区以及周围 50 米内严禁燃放烟花爆竹。

4. 注意事项

◎　要注意仓储区的温度与湿度，保持通风良好、干燥。

◎　仓库内要设有防水、防火、防盗等设施，以保证货品的安全。

◎　仓库要注意门禁管理，不得随便入内。

以上四个方面的安全管理内容是相互联系的，必须认真重视这四个方面的工作，才能最大限度地保证仓库的消防安全、货物安全、设施设备安全和库房安全。影响仓储安全的因素是多方面的，各类仓储企业都要根据自身的特点，认真分析影响仓储安全的各种因素，制定系列切实可行的仓储安全管理办法，采取相应的安全预防措施，及时持除各种不安全因素，杜绝事故隐患，确保仓储企业的安全运营，把损失降到最低限度。

思考讨论　实施仓库安全管理时，需要注意哪些事项？

任务三 人员的安全管理

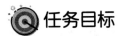

任务目标

通过本任务的学习，可以达成以下目标：

知识目标	1. 了解人员安全的基本内容 2. 熟悉仓库人员安全的相关规章制度
技能目标	1. 能确定仓库内的不同货物选择不同的劳动防护用品 2. 能进行基本的安全防护作业
思政目标	具备认真细致的工作态度及较强的规划能力

任务发布

由于业务量的不断激增，华源物流集团的业务相较以前更为繁忙，在日常业务中，仓库中逐渐出现了一些不安全事故，比如货物倒塌导致人员受伤、仓库操作人员的不规范操作导致货物破损等。

仓库管理员意识到要保证仓库安全作业，首先必须做好仓库内的人员安全管理。常见的仓库中的安全事故有哪些呢？如何保障仓库内操作人员的安全呢？带着这些问题，我们来进行具体的学习。

任务引导

引导问题 在仓库内进行安全作业的工作人员有哪些注意事项？尝试举例说明。

_____

_____

_____

_____

_____

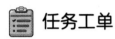 任务工单

人员的安全管理任务工单如表 6-3-1 所示。

表 6-3-1　人员的安全管理任务工单

任务名称：	
组长：	组员：
任务分工：	
方法、工具：	
任务步骤：	

任务实施

步骤一　仓库操作人员不规范操作引发的安全隐患识别

由于仓库操作人员的不规范操作导致人员的安全受到威胁，并且会出现仓库操作安全事故，结合所学习的知识，分析由于仓库操作人员不规范操作引发的安全隐患以及具体原因（至少3条）。

表 6-3-2　安全隐患分析

序号	安全隐患	不规范操作具体表现
1		
2		
3		

步骤二　分析仓库人员安全、规范操作

1. 作业前着装安全规范操作

仓库操作人员在进行仓储作业时，首先要规范着装。结合所学的知识和企业实际经验，分析仓库操作人员的规范着装及穿戴。

2. 作业前操作设备安全规范检查

仓库操作人员在进行仓储作业前，需要按照安全规范检查仓储作业设备。

（1）电动叉车安全规范检查。

（2）托盘安全规范检查。

（3）其他辅助设备安全规范检查。

3. 分析仓储业务操作安全规范

仓储作业是仓库各组成部分的主体。仓库的主要业务以及物品的保管、检验、分类、整理和包装等都在这个区域里进行。操作人员要结合给定的任务信息以及配送中心的物流作业环节，规范操作。

（1）仓库管理人员规范操作。

（2）叉车员安全规范操作。

4. 分析仓储操作后的安全规范

装卸作业结束后，仓库管理人员必须对库区、库房进行检查，确认安全后，方可离开。

同时，操作人员应＿＿＿＿＿＿＿＿＿＿＿＿＿＿＿＿＿＿＿＿＿＿＿＿＿＿＿＿＿＿＿＿

＿＿。

结合以上内容，回答几个问题：

（1）属于个体劳动防护用品的是＿＿＿＿＿＿。

（2）高温场所中作业防止中暑，应多喝＿＿＿＿＿＿最好。

（3）安全宣传教育的最后目的是＿＿＿＿＿＿。

（4）我国的安全生产目标是"＿＿＿＿＿、预防为主、综合治理"。

（5）仓储作业中需要遵守"四不损害""三违""四不放过"，简要梳理其分别表示什么。

"四不损害"：

"三违"：

附录　任务实施参考答案

项目一　任务一
任务实施参考答案

项目一　任务二
任务实施参考答案

项目一　任务三
任务实施参考答案

项目一　任务四
任务实施参考答案

项目一　任务五
任务实施参考答案

项目二　任务一
任务实施参考答案

项目二　任务二
任务实施参考答案

项目三　任务一
任务实施参考答案

项目三　任务二
任务实施参考答案

项目四　任务一
任务实施参考答案

项目四　任务二
任务实施参考答案

项目五　任务一
任务实施参考答案

项目五　任务二
任务实施参考答案

项目五　任务三
任务实施参考答案

项目五　任务四
任务实施参考答案

项目五　任务五
任务实施参考答案

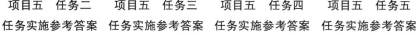

项目六　任务一
任务实施参考答案

项目六　任务二
任务实施参考答案

项目六　任务三
任务实施参考答案